오리고 붙이고 세우는
한국사 플랩북

한국을 빛낸 100명의 위인들

오주영 글 박옥기 그림

_____ (이)가 만드는
한국을 빛낸 100명의 위인들을 만나러 출발해 볼까요?

다락원

머리말

한국을 빛낸 위인들에는 누가누가 있을까요?
우리 땅 한반도에는 수많은 사람이 살아왔어요.
먼 옛날 단군왕검은 고조선을 세웠어요.
동명왕은 새 나라를 세우고 문화의 씨앗을 뿌렸어요.
사람들은 우리 땅에 아름다운 시와 노래와 역사를 퍼뜨리고,
외적과 맞서며 우리 땅을 지켜 냈어요.
기술과 학문은 사람들의 삶을 더욱 풍요롭게 만들었지요.
문익점은 사람들을 따뜻하게 해 주었고 장영실은 과학을 발전시켰어요.

잘못된 일이 있으면 앞장서서 나섰어요.
녹두 장군 전봉준은 어지러운 조선을 바꾸기 위해 일어섰고,
유관순 열사는 만세 운동을 펴 일제의 잘못을 세상에 알렸어요.
이렇게 아름다운 발자취를 남긴 사람들을 위인이라고 해요.
그런데 이 노랫말에는 훌륭한 위인만 들어 있지 않아요.
이완용은 나라를 팔아먹었고 이수일과 심순애는 소설 속 주인공이에요.
모두 위인은 아니었지만, 역사에 새겨진 이름들이지요.

이 책은 「한국을 빛낸 100명의 위인들」의 이야기를 담은 만들기 책이랍니다. 이야기를 읽다 보면 알쏭달쏭했던 노랫말이 저절로 이해될 거예요.

자, 가위와 풀을 꺼내 볼까요?
노랫말 속 주인공들을 종이에서 꺼내 보아요.
사각사각 종이를 오려서 한 사람 한 사람 세워 보세요.
역사 속에 잠들어 있던 위인들이 플랩으로, 팝업으로 살아 움직인답니다.
스티커도 붙이고, 퀴즈도 풀며 여러분의 손으로 한국을 빛낸 100명의 위인들을 만들어 보세요.

직접 오리고 붙이고 세워서 만드는 활동을 통해
역사를 더 말랑말랑하고 재미있게 느낄 수 있답니다.
손으로 만들고 눈으로 즐기며 신나게 역사 놀이를 하다 보면
한국사와 저절로 가까워지게 될 거예요.

오주영

주니토니와 함께 「한국을 빛낸 100명의 위인들」 전곡을 따라 불러요!

QR 코드를 리드하면 노래 동영상을 볼 수 있어요!

1 아름다운 이 땅에 금수강산에 단군 할아버지가 터 잡으시고
홍익인간 뜻으로 나라 세우니 대대손손 훌륭한 인물도 많아
고구려 세운 동명왕 백제 온조왕 알에서 나온 혁거세
만주 벌판 달려라 광개토 대왕 신라 장군 이사부
백결 선생 떡 방아 삼천 궁녀 의자왕
황산벌의 계백 맞서 싸운 관창 역사는 흐른다.

2 말 목 자른 김유신 통일 문무왕 원효 대사 해골 물 혜초 천축국
바다의 왕자 장보고 발해 대조영 귀주 대첩 강감찬 서희 거란족
무단 정치 정중부 화포 최무선 죽림칠현 김부식
지눌 국사 조계종 의천 천태종 대마도 정벌 이종무
일편단심 정몽주 목화씨는 문익점
해동공자 최충 삼국유사 일연 역사는 흐른다.

3 황금을 보기를 돌같이 하라 최영 장군의 말씀 받들자
황희 정승 맹사성 과학 장영실 신숙주와 한명회 역사는 안다.
십만 양병 이율곡 주리 이퇴계 신사임당 오죽헌
잘 싸운다 곽재우 조헌 김시민 나라 구한 이순신
태정태세문단세 사육신과 생육신
몸 바쳐서 논개 행주치마 권율 역사는 흐른다.

4 번쩍번쩍 홍길동 의적 임꺽정 대쪽 같은 삼 학사 어사 박문수
삼 년 공부 한석봉 단원 풍속도 방랑 시인 김삿갓 지도 김정호
영조 대왕 신문고 정조 규장각 목민심서 정약용
녹두 장군 전봉준 순교 김대건 서화가무 황진이
못 살겠다 홍경래 삼일천하 김옥균
안중근은 애국 이완용은 매국 역사는 흐른다.

5 별 헤는 밤 윤동주 종두 지석영 삼십삼인 손병희
만세 만세 유관순 도산 안창호 어린이날 방정환
이수일과 심순애 장군의 아들 김두한
날자꾸나 이상 황소 그림 중섭 역사는 흐른다.

1절에서 만나는 위인들

1 홍익인간 뜻으로 나라를 세운 **단군왕검** ★14
2 고구려를 세운 **동명왕** ★16
3 백제를 세운 **온조왕** ★18
4 알에서 나온 **혁거세** ★19
5 만주 벌판 달린 **광개토 대왕** ★20
6 신라 장군 **이사부** ★22
7 떡방아 노래를 만든 **백결 선생** ★23
8 삼천 궁녀를 거느린 **의자왕** ★24
9~10 황산벌의 **계백**, 맞서 싸운 **관창** ★26

2절에서 만나는 위인들

11 말의 목을 자른 **김유신** ★30
12 삼국 통일을 이룬 **문무왕** ★32
13 해골 물을 마신 **원효 대사** ★34
14 천축국에 간 **혜초** ★35
15 바다의 왕자 **장보고** ★36
16 발해를 세운 **대조영** ★38
17 귀주 대첩을 이끈 **강감찬** ★40

18 거란족과 담판 지은 **서희** ★42

19 무단 정치를 한 **정중부** ★44

20 화포 발명가 **최무선** ★45

21~27 자연을 벗 삼은 **죽림칠현** ★46

28 『삼국사기』를 쓴 **김부식** ★47

29~30 **지눌 국사** 조계종, **의천** 천태종 ★48

31 대마도를 정벌한 **이종무** ★50

32 고려를 향한 일편단심 **정몽주** ★52

33 목화씨를 가져온 **문익점** ★54

34 해동공자 **최충** ★56

35 『삼국유사』를 쓴 **일연** ★57

3절에서 만나는 위인들

36 황금을 돌처럼 본 **최영 장군** ★60

37~38 명재상 **황희 정승**과 **맹사성** ★62

39 과학 발명가 **장영실** ★64

40~41 세조의 편이 된 **신숙주**와 **한명회** ★66

42~43 십만 양병설의 **이율곡**, 주리론의 **이퇴계** ★68

44 오죽헌 화가 **신사임당** ★70

45~46 잘 싸운다! 의병장 **곽재우**와 **조헌** ★ 72

47 진주 대첩을 이끈 **김시민** ★ 74

48 나라를 구한 영웅 **이순신** ★ 77

49~55 조선의 왕들 **태정태세문단세** ★ 80

56~67 단종을 지킨 **사육신**과 **생육신** ★ 82

68 의롭게 몸 바친 **논개** ★ 84

69 **권율**과 행주치마 ★ 85

4절에서 만나는 위인들

70~71 번쩍번쩍 누비는 의적 **홍길동**과 **임꺽정** ★ 88

72~74 대쪽 같은 **삼 학사** ★ 90

75 암행어사 **박문수** ★ 91

76 삼 년 공부로는 모자랐던 **한석봉** ★ 92

77 풍속도를 그린 단원 **김홍도** ★ 93

78 방랑 시인 **김삿갓** ★ 94

79 『대동여지도』를 만든 **김정호** ★ 95

80 신문고를 부활시킨 **영조 대왕** ★ 96

81 규장각을 지은 **정조** ★ 98

82 『목민심서』를 쓴 **정약용** ★ 100

83 녹두 장군 **전봉준** ★ 102

84 순교한 신부 **김대건** ★ 104

85 서화가무에 능한 **황진이** ★ 105
86 "못 살겠다!" **홍경래**의 난 ★ 106
87 삼일천하로 끝난 갑신정변 **김옥균** ★ 108
88 애국자 **안중근** ★ 110
89 매국노 **이완용** ★ 111

5절에서 만나는 위인들

90 「별 헤는 밤」을 쓴 **윤동주** ★ 114
91 종두법을 시행한 **지석영** ★ 115
92~93 민족 대표 33인 손병희, 만세 외친 **유관순** ★ 116
94 인재를 기른 도산 **안창호** ★ 118
95 어린이날을 만든 **방정환** ★ 120
96~97 **이수일**과 **심순애**의 사랑 이야기 ★ 122
98 장군의 아들 **김두한** ★ 123
99 "날자꾸나!" 외친 천재 **이상** ★ 124
100 황소 그림을 그린 **이중섭** ★ 125

이 책의 활용법

내 손으로 100명의 위인들을 만드는 방법

준비물 풀, 가위, 주사위

⚠️ **주의해요!** 가위는 날카로우니 손을 다치지 않도록 항상 조심해요.

하나. 본 책과 만들기 책!
이렇게 두 권으로 구성되어 있어요.
먼저 본 책에서 위인들의 재미있는 이야기를 읽어요!

본 책   만들기 책

둘. 본 책에는 '쓰기', '색칠하기',
'오려 붙이기', '스티커' 등
다양한 활동들이 들어 있어요.

※ 쓰기 활동 정답은 본 책 126쪽에 있어요.

오려 붙이기
쑥과 마늘을 먹고 여인이 된 웅녀의 모습을 오려 붙여요.

쓰기
탐관오리를 벌주는 암행어사의 이름을 써 보아요.

셋. 활동에 필요한 것들은
만들기 책에서 오리거나 떼어 내어
다양한 플랩과 팝업을
완성할 수 있어요.

넷. 다 완성하면 플랩을 여닫아 보고 팝업을 세워 가며
내가 만든 100명의 위인들과 즐겁게 놀아 보아요.
다 본 책은 플랩과 팝업을 내리고 보관해 두면
생각날 때마다 펼쳐 보며 오래 활용할 수 있어요.

※ 혹시, 만드는 방법을 잘 모르겠다면
유튜브에서 다락원 동영상을 참고하세요!

만들기 전에 꼭! 알아 두자!

✂️ 오리기
오리기 선은 얇은 실선으로 되어 있어요. 그림의 가장자리를 따라 가위로 오려요.

오리기 선 ─────────

🔶 접기
접기 선은 두 종류의 점선으로 되어 있어요. 안으로 접기 선과 밖으로 접기 선이 다르니 주의해서 따라 접어요. 여러 번 접어야 할 때는 순서를 표시해 두었으니 순서대로 접으면 완성돼요.

안으로 접기 선 - - - - - - - - - - - - - - - -

밖으로 접기 선 — — — — — — — — — — —

🖍️ 풀칠하기
풀칠하는 면과 붙이는 면이 있어요. 빗금이 그어진 부분은 풀칠하고 붙이는 부분이니 알아 두세요. 풀칠할 부분이 여러 군데가 있다면 같은 표시끼리 맞춰 붙이면 돼요.

⚪ 스티커
스티커는 떼어서 자유롭게 붙이거나 회색으로 된 부분에 붙여요.

1절에서 만나는 위인들

1 단군왕검
2 동명왕
3 온조왕
4 혁거세
5 광개토 대왕
6 이사부
7 백결 선생
8 의자왕
9 계백
10 관창

1절

 1 홍익인간 뜻으로 나라를 세운 **단군왕검**

하늘신 환인의 아들 환웅은 신하인 바람의 신, 비의 신, 구름의 신과 땅으로 내려와 인간 세상을 다스렸어요.

어느 날 호랑이와 곰이 환웅을 찾아와 사람이 되게 해 달라고 빌었어요.

"해가 들지 않는 곳에서 쑥과 마늘을 먹고 100일을 견디면 사람이 될 거다."

동굴로 들어간 호랑이는 견디지 못하고 뛰쳐나왔지만, 곰은 묵묵히 견뎌 21일 만에 여자가 되었어요.

여자가 된 곰은 웅녀라는 이름을 갖게 되었어요.

✏️ **쓰기**
호랑이가 도망가며 어떤 생각을 했을지 자유롭게 써 보아요.

100일만 견디자!

네가 바로 웅녀로구나!

환웅

붙여요

✂️ **오려 붙이기**
쑥과 마늘을 먹고 여인이 된 웅녀의 모습을 오려 붙여요.

웅녀는 환웅과 결혼하여 단군왕검을 낳았어요.
단군왕검은 우리 역사 속 최초의 나라인 고조선을 세웠어요.
고조선은 청동기 문명을 바탕으로 힘을 키워 나갔어요.

★ **고인돌**
고조선의 지배자 무덤이에요. 계급 사회가 있었다는 것을 알 수 있어요.

★ **움집**

★ **반달 돌칼**
곡물의 이삭을 딸 때 썼어요.

★ **토기**

★ **청동검**
비파를 닮은 청동검을 만들었어요.

★ **장대투겁**
자루 위에 방울이 달렸어요.

널리 인간을 이롭게 하리라!

★ **청동 방울**

🏐 **스티커**
단군왕검의 손에 장대투겁과 청동 방울을 스티커로 붙여요.

★ **청동 거울**

단군왕검

2 고구려를 세운 동명왕

유화는 아버지 하백 몰래 하늘에서 내려온 해모수와 사랑에 빠졌어요.
화가 난 강의 신 하백은 유화를 내쫓았어요.
금와왕은 쫓겨난 유화를 궁궐에서 지내도록 했어요.
그러자 햇빛이 유화를 따라다니며 비추더니 유화가 알을 낳았어요.
놀란 금와왕이 알을 버리니까 짐승과 새들이 알을 품고 보호해 주었어요.
금와왕은 알을 유화에게 돌려주었고, 알에서 주몽이 태어났어요.

🟢 **스티커**
알을 품어 주도록 새를 스티커로 붙여요.

주몽

3 백제를 세운 온조왕

"새 나라를 세우자!"

고구려 왕자 비류와 온조는 백성들을 이끌고 남쪽으로 내려왔어요.

온조는 땅이 비옥해 농사가 잘되는 한강 근처에 위례성을 세웠어요.

비류는 바닷가에 미추홀을 세웠는데 바다 근처라 농사가 잘 안되었어요.

온조는 미추홀 백성들을 위례성으로 맞고, 나라 이름을 백제라 지었어요.

🔘 **스티커**
백제 온조왕의 모자 양쪽에 불꽃 모양의 장신구를 스티커로 붙여요.

🎨 **색칠하기**
위례성을 둘러싼 해자에 강물을 색칠해요.

★ **금제 꾸미개**
모자 양옆을 장식하는 금으로 된 꾸미개예요.

온조왕

★ **토성과 해자**
백제는 흙으로 성벽을 쌓고 나무 울타리를 쳤어요.
성벽 아래에는 적을 막기 위한 물길인 해자를 만들었어요.

4. 알에서 나온 혁거세

옛날 경주에서는 6명의 촌장이 6개의 마을을 다스렸어요.
어느 날 갑자기 요란한 말 울음소리와 함께 우물가에 환한 빛이 내리쬐었어요.
"저게 뭐지? 저기로 가 보세."
우물가에는 흰 말이 커다란 알을 지키고 있었어요.
흰 말은 알에 절을 하고 하늘로 날아갔지요.
여섯 촌장은 알을 깨고 나온 아이 박혁거세를
신라의 첫 왕으로 삼았답니다.

★ 금관
금관은 나뭇가지와 사슴뿔 모양 장식 위에 쉼표 모양의 옥이 달려 있는데 아주 화려하고 아름다워요.

🔵 스티커
신라왕의 금관을 스티커로 붙여요.

박혁거세

 5 만주 벌판 달린 광개토 대왕

18살에 왕이 된 광개토 대왕은 정복 전쟁에 나섰어요.
"나를 따르라! 고구려는 반드시 승리한다!"
광개토 대왕은 북으로 연나라, 남으로 백제를 밀어내며
만주 벌판부터 한강 아래까지 넓은 땅을 정복했어요.
신라를 도와 가야 땅에서 왜적을 몰아내기도 했어요.
광개토 대왕의 용맹한 군대를 본 사람들은 누구나 벌벌 떨었답니다.

내가 가는 곳은 모두 고구려의 땅이다!

★ 개마무사
철로 만든 갑옷을 입고 말을 타고 다니는 고구려의 병사들이에요.

와!

광개토 대왕

아들인 장수왕은 아버지의 뒤를 이어 고구려 땅을 넓히고, 아버지를 기리는 광개토 대왕비를 세웠어요.

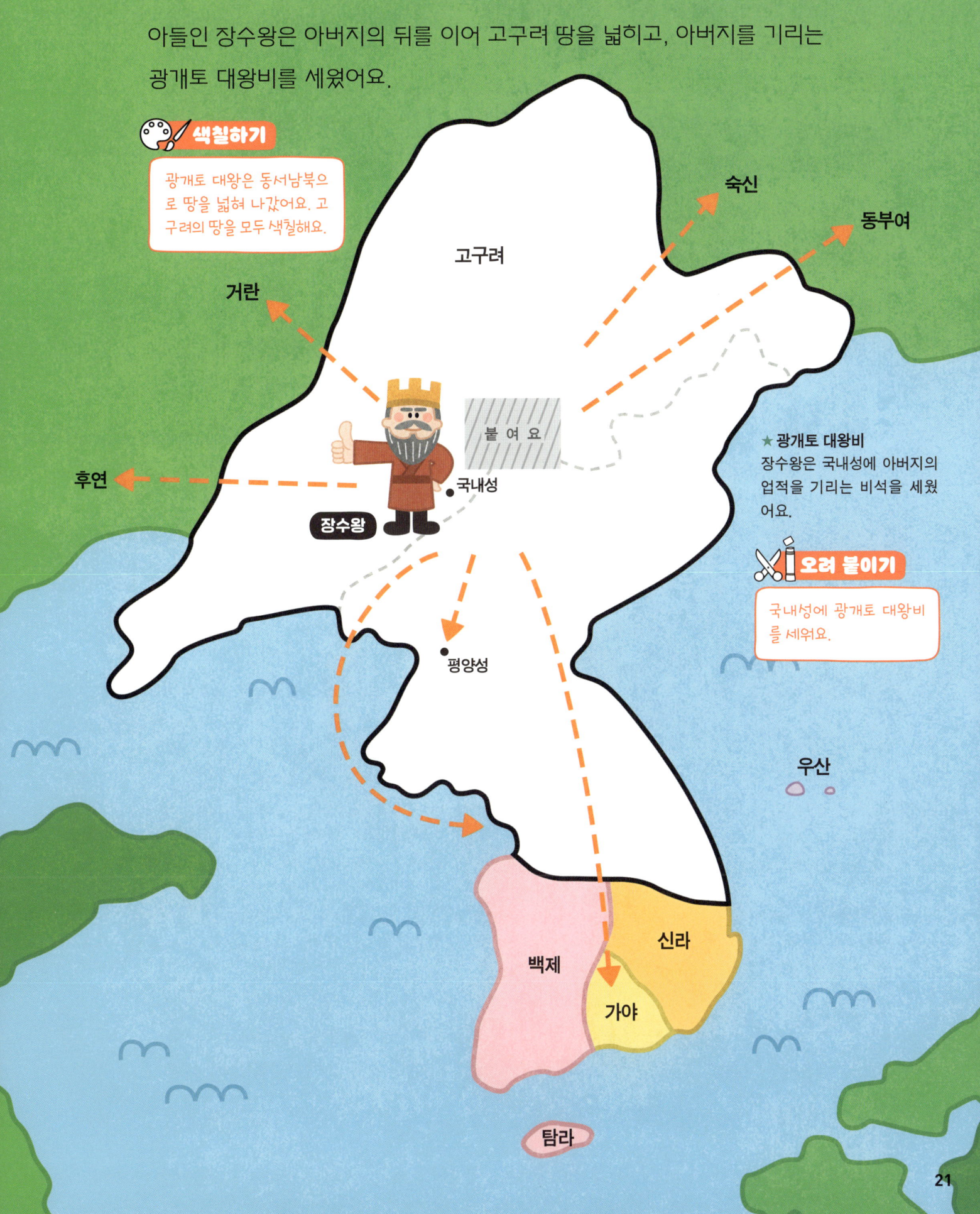

6 신라 장군 이사부

오려 붙이기

이사부 장군의 배를 오려 붙여서 완성하고 나무 사자도 배에 실어 보아요.

지혜롭고 용감한 이사부 장군은 섬나라 우산국*을 정벌할 때 꾀를 냈어요.
나무로 만든 사자를 배에 싣고 가서 이렇게 외쳤답니다.
"너희가 항복하지 않으면 섬에 무서운 사자를 풀어놓겠다!"
놀란 우산국 사람들은 나무 사자가 정말 사자인 줄 알고 벌벌 떨며 항복했어요.

*우산국: 지금의 울릉도에 있었던 삼국 시대의 작은 나라

 떡방아 노래를 만든 백결 선생

신라 최고의 음악가인 백결 선생은 무척 가난했어요.
'백결'도 옷을 백 번이나 누덕누덕 기워 입었다는 뜻으로 붙인 이름이에요.
설날이 되어 집마다 떡을 찧자 백결 선생의 아내는 속이 상했어요.
"떡은커녕 한 끼 먹을 쌀도 없으니. 여보, 우리는 뭐로 새해를 맞나요?"
백결 선생은 아내를 위로하려고 거문고로
떡방아* 찧는 소리를 연주했어요.
백결 선생이 지은 「방아 노래」는
신라 사람들에게 큰 사랑을 받았어요.

* **떡방아**: 떡을 만들려고 방아로 빻는 일

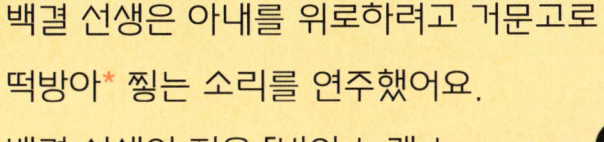

백결 선생

✏️ 쓰기
점선을 따라서 거문고에 6개의 줄을 이어 보아요.

★ 거문고
우리나라 고유의 현악기예요. 명주실로 꼬아 만든 6개의 줄을 술대로 치거나 뜯어서 연주해요.

 8 삼천 궁녀를 거느린 의자왕

"신라는 이제 내 발밑에 있지!"

백제의 의자왕은 고구려와 힘을 합쳐 신라의 성 수십여 개를 무너뜨렸어요.

그러자 궁지에 몰린 신라는 당나라와 힘을 합치기로 했어요.

신라와 당나라의 거센 공격에 백제는 멸망하고 말았지요.

의자왕은 백제의 마지막 왕이 되었고

의자왕을 모시던 수많은 궁녀가

강에 몸을 던졌다는 이야기가 전해진답니다.

★ 삼천 궁녀
삼천 궁녀는 많은 궁녀를 뜻해요.

★ 낙화암
꽃이 떨어지는 바위라는 뜻으로 삼천 궁녀가 몸을 던진 곳이에요.

의자왕

황산벌의 **계백**, 맞서 싸운 **관창**

백제의 계백은 5천 명의 병사로 10배나 많은 신라군과 맞서야 했어요.
"옛날 월나라 왕, 구천은 5천 명의 군사로 오나라 70만 대군을 이겼다!
오늘 우리도 반드시 승리를 거두리라!"
계백이 이끄는 백제군은 황산벌*에서 신라군을 네 차례나 용감히 막아 내었어요.
그때 신라의 화랑 관창이 홀로 말을 타고 백제군에 돌진해 오다 붙잡혔어요.
"어린 소년이구나. 신라는 소년조차 용감하니, 신라 장수들은 오죽할까."

*황산벌: 충남 논산에 있는 넓은 들판

순서에 따라 '돌진하는 관창'을 만들어 붙여 계백과 한판 대결을 벌여요.

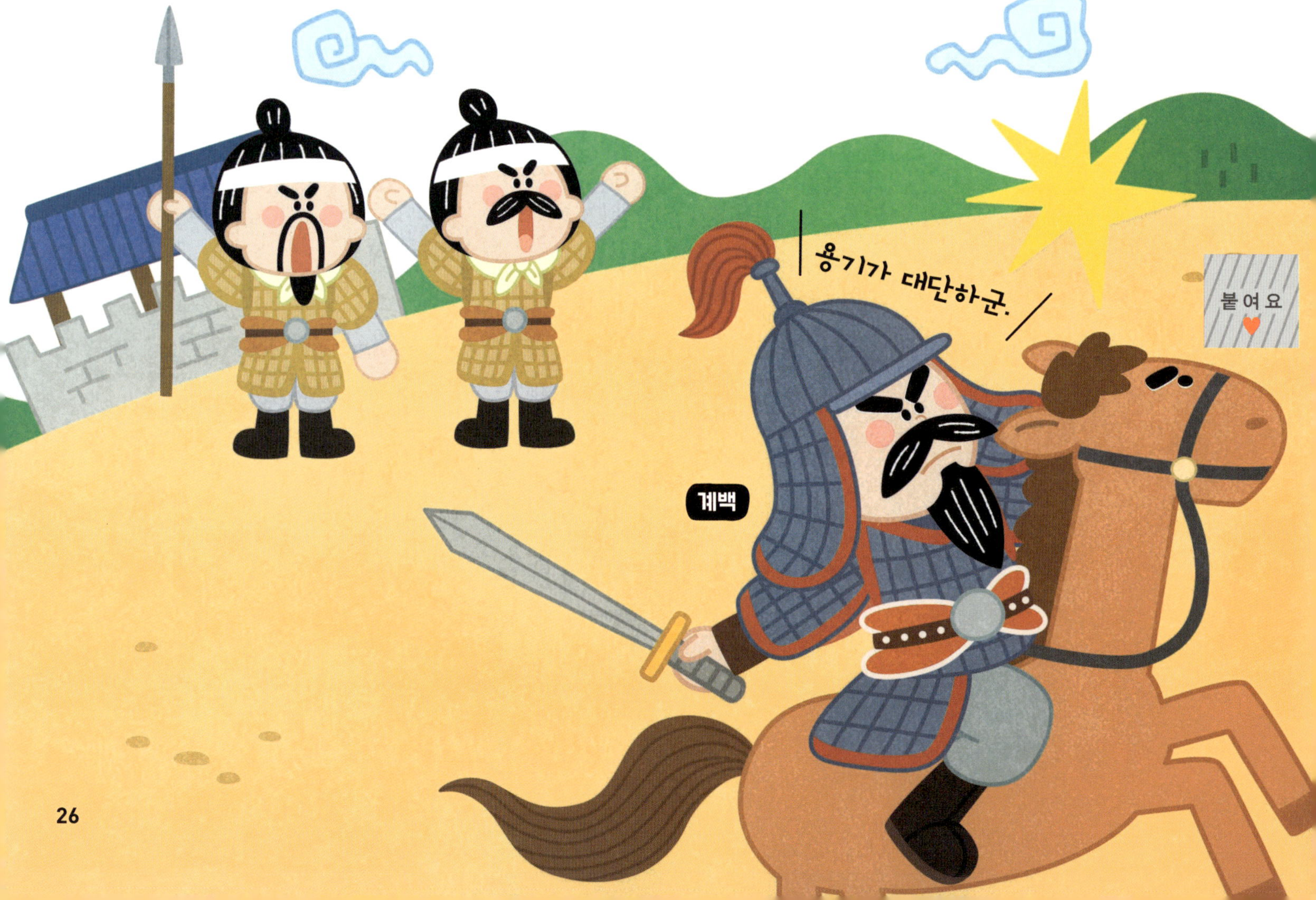

계백은 관창을 살려 보냈지만, 관창은 다시 백제군에 돌진해 왔어요.
결국 계백은 관창을 죽일 수밖에 없었어요.
관창의 행동에 용기가 솟은 신라군은 성난 황소처럼 백제군과 싸웠어요.
계백 장군과 5천 명의 병사들은 끝까지 맞서다
신라군에게 목숨을 잃었답니다.

★ **세속오계**
화랑이 지켜야 할 다섯 가지 규칙이랍니다.

🏷️ **스티커**
깃발에 새겨진 세속오계 중 빠진 규칙을 스티커로 붙여요.

세 속 오 계

사군이충: 충성으로 임금을 섬긴다.

교우이신: 믿음으로 친구를 사귄다.

살생유택: 생명을 소중히 여긴다.

붙여요

※관창을 움직여 백제군에 돌진해요.

★ **화랑도**
신라는 15살에서 18살 사이의 소년을 뽑아 화랑으로 삼았어요. 화랑은 몸과 마음을 단련하여 신라를 이끄는 인재가 되었어요.

2절에서 만나는 위인들

11 김유신
12 문무왕
13 원효 대사
14 혜초
15 장보고
16 대조영
17 강감찬
18 서희
19 정중부
20 최무선

21~27 죽림칠현
28 김부식
29 지눌 국사
30 의천
31 이종무
32 정몽주
33 문익점
34 최충
35 일연

2절

11. 말의 목을 자른 김유신

화랑 김유신은 한 여인을 좋아해 그 집에 자주 드나들었어요.

이를 못마땅하게 여긴 김유신의 어머니는 김유신을 호되게 꾸짖었어요.

"네가 지금 여인의 집에 드나들 때이냐?"

김유신은 어머니의 말씀에 크게 깨달아 다시는 그러지 않겠다고 맹세했어요.

어느 날 김유신은 말 위에서 깜빡 잠이 들었어요.

말은 익숙하게 다니던 여자의 집으로 따닥따닥 걸어갔지요.

주사위 게임
미리 말을 오려 두고 주사위도 준비해요. 주사위 게임을 하여 김유신 장군의 일대기를 알아보아요.

게임 방법
주사위를 던져 던진 숫자만큼 앞으로 나아가요.
미션을 수행하면 한 칸 앞으로 더 나아갈 수 있어요.

시작!

미션 손가락으로 북두칠성을 따라 그리면 통과!

1칸 앞으로!

1. 김유신은 멸망한 가야의 후손으로 태어나 신라의 진골 귀족이 되었어요.

2칸 앞으로!

2. 김유신은 15세 때 화랑이 되었고 늠름한 장수로 성장했어요.

미션 '얼쑤' 말하며 어깨춤을 추면 통과!

1칸 뒤로!

3. 김춘추가 왕이 되자 김유신을 상대등으로 임명하였어요.

2칸 앞으로!

3칸 뒤로!

6. 문무왕은 당과 함께 고구려를 멸망시켰고 김유신은 문무왕 대신 신라를 지켰어요.

1칸 앞으로!

7. 문무왕은 김유신의 공로를 인정하여 특별 관직인 태대각간으로 임명하였어요.

그때 잠에서 깬 김유신은 화들짝 놀랐어요.
"아니, 오지 말아야 할 곳으로 네가 날 데려왔구나!"
자신의 약속을 지키기 위해 김유신은
아끼던 말의 목을 베었어요.
그 뒤 더욱더 노력한 김유신은
훌륭한 장군이 되어
신라가 삼국 통일을 이루는 데
큰 역할을 했답니다.

5. 고구려를 공격하려고 여러 번 원정길에 올랐지만 연개소문이 버티고 있었어요.

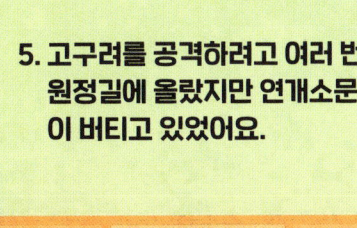
미션
"백제를 이겼다"
라고 외치면
통과!

시작부터 다시!

4. 김유신은 당과 손잡고 황산벌에서 백제를 무너뜨렸어요.

12 삼국 통일을 이룬 문무왕

삼국 시대 백제, 고구려, 신라 가운데 가장 작은 나라가 신라였어요.
백제는 한강을 차지한 덕분에 제일 먼저 발전했고 고구려는 가장 넓은 영토를 차지했어요. 세 나라는 더 많은 땅을 차지하기 위해 서로 다투었지요.
신라는 삼국을 통일하기 위해 당나라와 힘을 합쳤어요.
신라와 당나라 연합군은 차례차례 백제와 고구려를 쓰러뜨렸어요.
그런데 고구려를 정벌하자마자 당나라는 모든 땅을 차지하려고 했어요.
"흥! 너희의 속셈을 우리가 모를 줄 알았더냐?"
문무왕은 당나라를 몰아내고 당당히 삼국 통일을 이루었어요.

★ **감은사**
신문왕이 아버지 문무왕을 위해 지은 절이에요. 이 절에는 용이 된 문무왕이 지나다닐 수 있는 물길이 있었다고 해요.

★ 쌍탑

오려 붙이기

용이 있는 곳에 대왕암을 오려 붙여요.

★ **문무대왕릉**
대왕암이라고 해요. 문무왕이 묻힌 바다 가운데에 있는 무덤이에요.

백성들을 아끼고 어진 정치를 편 문무왕은 죽으면서 이런 유언을 남겼어요.
"나는 죽어서 신라와 백성을 지키는 용이 되겠다. 나를 화장하여 동해에 묻어 다오."
그 말을 받들어 신하들은 문무왕을 동해의 대왕암에 장사지냈다고 해요.

 **오려 붙이기**
날이 밝은 후의 원효 스님의 모습을 오려 붙여 원효의 마음가짐을 알아보아요.

 스티커
동굴 주변에 해골을 스티커로 붙여요.

13 해골 물을 마신 원효 대사

신라의 원효 스님이 여행을 떠났어요.

원효 스님은 밤을 보내기 위해 어느 동굴로 들어갔어요.

자다가 목이 마른 원효 스님은 손에 잡힌 바가지의 물을 벌컥벌컥 마셨어요.

"아, 맛 좋다! 물이 참 달구나."

아침에 깨어난 원효는 화들짝 놀랐어요. 간밤에 마신 게 해골바가지에 고여 있던 썩은 물이었거든요.

"썩은 물도 마음에 따라 달게 느껴지는구나. 진리란 내 마음속에 있구나."

깨달음을 얻은 원효는 신라 백성들에게 불교를 널리 알렸답니다.

 ## 천축국에 간 혜초

신라의 혜초 스님은 중국으로 건너가 불교를 공부했어요.

그러다 부처가 태어난 인도(천축국)로 떠나 수년 동안 여행하고 중국으로 돌아왔지요.

"내가 다녀온 곳을 글로 써서 세상 사람들에게 알려야겠다."

혜초는 인도에서 보고 듣고 느낀 것을 『왕오천축국전』에 담았어요.

이 책은 우리나라 최초의 외국 기행문으로, 그 당시 인도와 주변 나라의 종교와 생활상을 알 수 있는 소중한 자료가 되고 있어요.

오려 붙이기
『왕오천축국전』의 펼친 모습을 오려 붙여 내용을 확인해요.

★ 혜초 스님은 신라에서 출발하여 중국을 거쳐 인도 5개국을 여행했어요.

혜초

★ **왕오천축국전**
혜초 스님이 고대 인도를 돌아보고 쓴 여행기예요. 두루마리 형태로 되어 있는데 지금은 프랑스에 전시되어 있어요.

 바다의 왕자 장보고

장보고는 당나라로 건너가 군인이 되었어요. 당나라에서는 해적들에게 잡혀 온 신라 사람들이 노예로 팔리고 있었어요.

"신라 사람들이 당하는 걸 두고 볼 수 없지. 내가 해적들을 막아 내겠어!"

신라로 돌아온 장보고는 흥덕왕을 만났어요.

"마구 쳐들어오는 해적들을 막을 수 있도록 청해에 진*을 세우고 싶습니다."

"병사들을 보내 줄 테니 튼튼한 진을 세우도록 하라."

장보고는 청해진을 세우고 이곳에서 최고의 해군을 길러 해적을 쫓아냈어요.

*진: 군사들을 배치한 곳

★ **신라의 무역**
당나라, 일본을 오가며 무역을 했어요. 금, 은, 인삼, 모피 등을 수출했고 비단, 서적, 차, 자기 등을 수입했어요.

장보고의 배들은 당나라와 일본을 안전하게 오가며 무역을 했어요.
청해진은 해적을 막는 해군기지이자 여러 나라의 배가 드나드는 국제 무역항이 되었지요.
사람들은 장보고를 '바다의 왕'이라고 부르며 크게 칭송했답니다.

★ **청해진**
장보고가 전라남도 완도에 설치한 해군 무역 기지예요. 여러 나라의 배들이 들어오는 무역 항구가 되었어요.

16. 발해를 세운 대조영

대조영은 멸망한 고구려의 후손이에요.

고구려의 후손들은 당나라의 가혹한 다스림에 도저히 살 수가 없었어요.

대조영의 아버지는 고구려 유민*, 말갈족과 함께 동쪽으로 떠나기로 했어요.

쫓아오는 당나라군과 싸우느라 대조영의 아버지와 많은 사람이 죽었지요.

하지만 대조영은 용감하게 앞장서 나갔어요.

"용맹한 고구려의 후손들아, 말갈족 용사들아. 당나라군과 맞서 싸우자!"

당나라군을 물리친 대조영은 마침내 옛 고구려 땅에 '발해'라는 나라를 세웠어요.

발해는 '바다 동쪽의 강한 나라'라는 뜻인 '해동성국'이라 불리며 230여 년 동안 이어졌어요.

*유민: 나라가 망하여 살 곳이 없어진 백성

★ 당나라는 발해를 '해동성국'이라고 불렀어요.

 ## 귀주 대첩을 이끈 **강감찬**

고려에 거란이 세 번째로 쳐들어왔어요.

강감찬 장군은 흥화진 앞 강물을 소가죽으로 막고 거란군을 기다리는 전술을 폈어요.

10만 거란군이 줄줄이 강을 건너오자, 기다리던 고려군이 물길을 텄어요.

강물은 순식간에 거란군을 덮쳤어요.

"으악, 살려 줘! 강물에 떠내려간다!"

겨우겨우 강을 건넌 거란군은 고려군과 싸우며 고려 수도인 개경까지 갔지만 추운 날씨와 고려군의 거센 저항에 발을 돌려야 했어요.

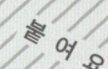 **오려 붙이기**

소가죽 둑을 오려 붙여서 물길을 막아 보아요. 소가죽 둑을 열면 떠내려가는 거란군을 볼 수 있어요.

강감찬은 철수하는 거란군을 좁은 계곡에서 맞았어요.

"거란군 쪽으로 바람이 몰아친다! 자, 지금이다! 화살을 퍼부어라!"

고려군의 불화살은 바람을 타고 거란군 머리로 쏟아졌어요.

깜짝 놀란 거란군은 우왕좌왕 달아났어요.

10만 거란군 가운데 살아남아 거란으로 돌아간 군인은 고작 수천 명뿐이었답니다.

바로 이 전투가 강감찬 장군이 귀주에서 승리를 거둔 '귀주 대첩'이에요.

거란은 세 번째 침입에서 혼쭐이 난 뒤 다시는 고려를 탐내지 않았답니다.

🟢 **스티커**

바람이 부는 방향대로 고려군의 불화살을 스티커로 붙여요.

18 거란족과 담판 지은 서희

거란이 고려에 처음 쳐들어왔을 때 고려는 놀라서 허둥댔어요. 그때 외교관으로 이름 높은 서희가 직접 소손녕을 만나러 갔어요.

소손녕은 목에 잔뜩 힘을 주고 말했어요.

"어험, 나에게 무릎을 꿇고 인사하시오."

"우리는 둘 다 나라를 대표합니다. 어째서 내 절을 받으려 하십니까?"

서희는 당당히 탁자에 앉아 소손녕과 마주 보고 협상을 했어요.

"고려는 우리와 더 가까운 위치에 있으면서 왜 송나라하고만 가까이 지내시오? 우리와 더 가까이 지내야지."

"그 사이를 여진이 막고 있어 거란에 다니기 힘들답니다. 그 땅을 고려가 돌려받는다면 거란과 저절로 가까워질 것입니다."

소손녕은 거란으로 돌아가 서희의 말을 전했어요. 거란의 왕은 그 말을 듣고 군대를 돌리도록 했을 뿐 아니라, 고려와 거란의 길목인 '강동 6주'도 고려에 돌려주었어요.

서희는 피 한 방울 흘리지 않고 말솜씨 하나로 거란의 침입을 물리쳤답니다.

★ 거란은 송나라와 전쟁을 할 계획이었어요. 하지만 고려가 송나라를 도와줄까 봐 고려를 협박한 것이었죠.

🎾 **스티커**

지도에 강동 6주를 스티커로 붙여요.

★ **강동 6주**
평안북도 해안 지방에 설치한 6개의 행정 구역이에요.

전하! 강동 6주를 돌려받았습니다.

19 무단 정치를 한 정중부

어느 날 연회에서 흥청망청 놀던 의종이 무신들에게 무예 시합을 시켰어요.
늙은 대장군이 젊은 무신에게 지자, 한 젊은 문신이 대장군의 뺨을 때렸어요.
"대장군이 이것도 못 이겨?"
왕과 문신들이 깔깔 웃는 걸 본 정중부 장군은 화가 치솟았어요.
'아무리 무신을 하찮게 본다지만 감히 대장군의 뺨을? 이놈들, 가만두지 않겠다.'
이날 밤 정중부 장군은 무신들과 함께 난을 일으켰어요.
정중부와 무신들은 나랏일을 마음대로 주무르며
100년 동안이나 '무단 정치*'를 이어 갔답니다.

*무단 정치: 무신들이 힘으로 다스리는 정치

오려 붙이기

무신의 난을 일으킨 정중부를 오려 붙여요.

화포 발명가 최무선

최무선은 화약을 만들고 싶었어요.
'고려에 화약 무기가 있으면 왜구를 물리칠 수 있어.'
하지만 원나라는 화약 만드는 법을 꼭꼭 숨기고 알려 주지 않았어요.
최무선은 연구에 연구를 거듭했어요.
'화약엔 염초*가 필요한데…. 염초는 어떻게 만드는 걸까?'
최무선은 원나라 사람에게 간절히 부탁해 염초 만드는 법을 배웠어요.
곧 고려 땅에서 얻은 재료로 화약도 만들 수 있었지요.
"성공이다! 드디어 화약을 만들었어!"
최무선의 노력으로 고려는 강력한 화약 무기를 갖게 되었답니다.

*염초: 순간적으로 높은 온도와 열을 일으키는 물질

스티커
최무선이 만든 무기를 스티커로 붙여요.

★ **화통도감**
최무선의 노력으로 화약과 무기를 만드는 관청을 세웠어요.

최무선

★ **질려포**
나무통에 화약을 넣어 폭발시키는 폭탄이에요.

★ **이장군포**
들고 다닐 수 있는 작은 화포예요.

★ **주화**
화약이 붙어 있는 화살이에요.

★ **대장군포**
고려 최강의 화포로, 대장군처럼 대단하다는 뜻으로 대장군포라고 해요.

★ **철령전, 피령전**
철령전은 철 날개를 가진 화살이에요.
피령전은 가죽 날개를 가진 화살이에요.

자연을 벗 삼은 죽림칠현

무신들이 나라를 주무르던 시대에는 문신들이 높은 벼슬에 오르지 못했어요. 그래서 고려의 일곱 문인 이인로, 오세재, 임춘, 조통, 황보항, 함순, 이담지는 벼슬에 나아가지 않고 자연을 벗 삼아 글을 쓰고 우정을 나누며 지냈어요.

"이보게들, 우리 함께 세상일은 잊고 학문이나 갈고닦는 게 어떠한가?"

뜻을 모은 이들의 모임을 '죽림고회', 이들 문인을 '죽림칠현'이라고 해요.

죽림칠현은 '대나무 숲에서 자연을 벗 삼아 지내는 일곱 명의 선비'라는 뜻이랍니다.

🔵 스티커

대나무 일부를 스티커로 붙여 대나무 숲을 완성해요.

죽림칠현

김부식

★ 붓걸이

★ 보료

삼국사기 특징
① 인종의 명령으로 썼어요.
② 유학자인 김부식이 썼어요.
③ 신라 역사를 자세히 썼어요.

붙여요

 **28** 『삼국사기』를 쓴 **김부식**

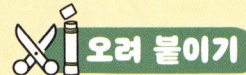 오려 붙이기
『삼국사기』의 표지를 오려 붙여 『삼국사기』를 완성해요.

"우리 역사를 담은 위대한 역사서를 만들겠어."
칠흑 같은 밤, 방을 밝힌 채 한 선비가 글을 쓰고 있었어요.
고려 시대 문인이자 역사가인 김부식이었어요.
김부식은 벼슬에서 물러난 뒤 인종의 명을 받아 여러 관리와 함께 신라, 고구려, 백제의 역사를 담은 『삼국사기』를 썼어요.
『삼국사기』는 현재까지 남아 있는 가장 오래된 역사서랍니다.

지눌 국사 조계종, 의천 천태종

의천은 고려의 왕자로 스님이 되었어요.

송나라에서 유학하며 3천여 권의 불경을 모아 고려로 가지고 왔지요.

"부처의 말씀을 담은 불경을 열심히 공부하되, 참선도 함께 해야 합니다."

이때 고려 불교는 선종과 교종으로 나뉘어 있었어요. 선종은 참선*으로 깨달음을 찾는 불교이고, 교종은 불경을 공부해 깨달음을 찾는 불교예요.

의천은 불경을 공부하는 교종을 중심으로 선종을 합쳐 천태종을 만들었어요.

선종, 교종으로 나뉜 불교를 하나로 모으고자 한 거예요.

*참선: 부처의 마음을 찾기 위한 수행

★ 팔관회
고려에서는 국가에서 크게 불교 행사를 치렀어요. 그것을 팔관회라고 해요.

하지만 교종과 선종의 다툼은 계속되었어요.
그로부터 100여 년 뒤, 지눌이 나타났어요.
"부처의 마음을 찾는 참선도, 부처의 말씀을 공부하는 교종도 다 중요합니다."
지눌은 선종을 중심으로 교종을 합친 조계종을 세웠어요.
의천과 지눌은 고려 불교를 하나로 모으기 위해 노력한 고려의 큰 스님으로 국사*의 자리에 올랐답니다.

*국사: '나라의 스승'이라는 뜻으로 최고의 스님에게 붙는 지위

오려 붙이기
의천과 지눌을 오려 붙여요.

★ **고려 불상**
고려 불상은 크기가 아주 크고 투박하지만 강한 힘을 느낄 수 있어요.

붙여요

지눌 국사

31 대마도를 정벌한 이종무

이종무 장군은 고려 시대부터 용감히 왜구를 물리친 장군이에요.

왜구는 일본에서 건너온 해적으로, 툭하면 우리 백성을 괴롭히고 쌀을 빼앗아 갔어요.

세종 대왕 때에 이종무 장군은 궁궐로 불려 갔어요.

"이종무 장군, 불안에 떠는 백성을 위해 대마도로 건너가 왜구를 물리쳐 주게."

"명령에 따르겠습니다."

이종무 장군은 200여 척의 배를 거느리고 대마도로 건너갔어요.

조선과 일본 사이에 있는 작은 섬 대마도는 왜구의 소굴이었어요.

일본에서 건너온 왜구들이 이곳에서 준비를 마친 뒤 조선으로 쳐들어왔기 때문이에요.

붙여요

"화살을 쏘아라! 왜구를 물리쳐라!"
이종무 장군이 이끄는 조선군은 용감히 싸웠어요.
놀란 왜구들은 걸음아 나 살리라고 도망쳤어요.
이종무 장군의 대마도 정벌 뒤, 왜구들은 함부로 조선에 쳐들어오지 못했답니다.

오려 붙이기

용감하게 왜구를 물리친 이종무 장군을 오려 붙여요.

 ## 고려를 향한 일편단심 정몽주

고려의 신하였던 정몽주와 이성계는 본래 친구였어요.
정몽주는 고려를 천천히 개혁해 나가려고 했어요.
"신하로서 왕을 모시며 고려를 개혁하세."
이성계는 고려를 뒤엎고 새 나라를 만들려고 했어요.
"아닐세. 못난 왕에게 더는 나라를 맡길 수 없다네."
둘은 고려의 앞날을 의논하다 서로 갈라서고 말았어요.
어느 날 이성계가 사냥하다 다치자,
정몽주는 이성계의 집에 염탐 겸 병문안을 하러 갔어요.

붙여요 ♥

이방원

 오려 붙이기

이방원이 읊은 시를 오려 붙이고 속마음을 알아보아요.

그때 이성계의 아들 이방원이 정몽주를 불러 시를 읊었어요. 새 나라를 같이 세우자는 뜻을 담은 시였어요.
정몽주는 곧바로 시를 만들어 읊었어요.
고려를 향한 일편단심*이 담긴 「단심가」였어요.
이날 정몽주는 집으로 돌아오는 길에 선죽교에서 이방원이 보낸 자객에게 죽고 말았어요.
정몽주는 비록 고려를 지키지 못하고 죽었지만,
고려의 충신으로 「단심가」와 함께 길이길이 기억되고 있답니다.

*일편단심: 변치 않는 참된 마음

★ 선죽교
고려의 수도 개경에 있는 돌다리예요.

붙여요 ★

정몽주

오려 붙이기
정몽주가 읊은 시를 오려 붙이고 속마음을 알아보아요.

33 목화씨를 가져온 문익점

원나라에 사신으로 간 문익점은 원나라 사람들이 두툼한 솜옷을 입은 걸 보고 깜짝 놀랐어요. 고려 백성들은 얇은 베옷을 겹쳐 입고 덜덜 떨며 겨울을 났거든요.
'우리 고려 백성도 저 옷을 입으면 추위를 견딜 수 있을 텐데….'
문익점은 목화라는 식물에서 솜을 딸 수 있단 걸 알게 되자,
목화씨를 가지고 고려로 돌아왔어요.
그리고 장인어른과 함께 정성껏 목화를 키워 3년 만에 목화솜을 피워 냈어요.
문익점은 목화를 널리 널리 퍼뜨렸고, 고려 백성은 따뜻한 솜옷과 솜이불로 겨울을 나게 되었답니다.

오려 붙이기
따뜻한 솜옷을 입은 사람들을 오려 붙여요.

쓰기
문익점이 가져온 씨앗의 이름을 써 보아요.

붙여요	붙여요
① 목화송이를 따서 햇볕에 말려요.	② 목화송이를 씨아에 넣으면 씨는 빠지고 목화솜만 남아요.

붙여요	붙여요
③ 목화솜을 돌돌 말아 물레에 끼워 무명실을 뽑아요.	④ 풀을 먹인 무명실을 베틀로 짜면 무명천이 완성돼요.

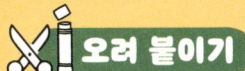

오려 붙이기

목화로 옷을 만드는 과정을 알아보고 필요한 기구를 오려 붙여요.

문익점의 손자인 문래와 문영은 더욱더 연구해 목화솜으로 무명실을 만드는 기구를 만들게 되었어요. 그들의 이름을 따 실 뽑는 기구는 '물레'라고 하고 그 실은 '무명'이라고 했답니다.

따뜻한 무명천으로 옷을 지어 입을 수 있어요!

34 해동공자 최충

고려의 재상 최충은 벼슬에서 물러난 뒤 무엇을 할까 생각했어요.
"우리 고려에는 공부할 곳이 별로 없어. 그렇다면 내가 직접 제자들을 가르치자."
최충이 집에 학문을 가르치는 학당을 열었어요.
"선생님, 부디 가르침을 주십시오!"
소식을 들은 사람들이 몰려와 줄을 섰어요.
"허허, 작은 학당으로는 안 되겠구나. 더 커다란 글방을 열어야겠어."
최충은 9개의 글방으로 이루어진 구재 학당을 짓고 사람들을 가르쳤어요.
사람들은 높은 학식과 덕으로 제자를 기른 최충을 '바다 동쪽의 공자'라는 뜻인 '해동공자'라고 부르며 존경했답니다.

오려 붙이기

구재 학당의 문을 오려 붙여 문전성시를 이룬 구재 학당의 모습을 살펴보아요.

★ 글방

배우고 싶습니다!

저도요!

 35 『삼국유사』를 쓴 일연

널리 존경을 받던 일연 스님은 어느 날 조용히 절로 들어갔어요.
일연 스님은 붓을 들고 이야기를 써 내려가기 시작했어요.
"우리의 뿌리가 되는 소중한 우리 역사 이야기가 사라져서는 안 돼."
일연 스님은 신비한 건국 신화 전설과 우리나라에 있었던 왕들에 얽힌 신기한 이야기를 썼어요. 또 스님들에 얽힌 신비로운 이야기도 썼지요.
먼 옛날, 하늘에서 내려온 환웅이 웅녀와 결혼해 단군을 낳고 단군이 고조선을 세웠다는 이야기가 담긴 책이 바로 『삼국유사』랍니다.

붙여요
자라와 물고기가 다리를 만들어 줬어.
→ 고구려 동명왕 신화

붙여요
알에서 사람이 태어나기도 했어.
→ 신라 박혁거세 신화

붙여요
곰과 호랑이가 사람이 되기를 바랐지.
→ 고조선 단군왕검 신화

오려 붙이기
일연의 『삼국유사』속 신화 이야기에 알맞은 그림을 오려 붙여요.

3절에서 만나는 위인들

36 최영 장군
37 황희 정승
38 맹사성
39 장영실
40 신숙주
41 한명회
42 이율곡
43 이퇴계
44 신사임당
45 곽재우
46 조헌
47 김시민
48 이순신
49~55 태정태세문단세
56~61 사육신
62~67 생육신
68 논개
69 권율

3절

36 황금을 돌처럼 본 최영 장군

몸이 크고 씩씩한 최영은 어려서부터 용감한 장군이 되기를 꿈꾸었어요.
그런 최영에게 아버지는 늘 이런 말씀을 하셨어요.
"아들아, 정직하게 살아야 한다. 불행은 남의 것을 탐내는 것에서 시작되니,
황금 보기를 돌같이 하려무나."
"네, 아버지."
아버지가 돌아가신 뒤, 최영은 아버지의 말을 띠에 새기고
그 띠를 죽을 때까지 소중히 간직했어요.
최영은 장군이 된 뒤에도 아버지의 말씀대로 남의 것에 욕심내지 않으며
누구보다 정직하게 살았답니다.

✏️ 쓰기

아버지가 하신 말씀을 따라 써 보아요.

황금 보기를 돌같이 하라.

★문갑

네! 아버지

후에 최영 장군은 이성계의 위화도 회군으로 목숨을 잃었어요.
이성계가 왕의 명령으로 명나라를 공격하기 위해 출발했지만,
명나라를 이길 수 없다고 판단해 위화도에서 병사들의 발길을 돌려
오히려 고려의 수도 개경을 공격했거든요.
최영은 이때 개경을 지키다 붙잡힌 뒤 목숨을 잃게 되었지만
끝까지 고려를 지킨 고려의 충신으로 오래도록 존경을 받았답니다.

🗨️ **스티커**

최영 장군이 항상 가슴에 새긴 네 글자를 스티커로 붙여요.

 # 명재상 황희 정승과 맹사성

조선의 명재상* 황희는 어느 날 길을 가다 밭을 가는 한 농부를 만났어요.
황희가 농부에게 물었어요.
"여보시오, 두 소 중 어느 소가 일을 더 잘하나요?"
농부는 황희에게 다가가 나직이 귓속말까지 했어요.
"저 소가 일을 더 잘합니다."
"허허, 뭐 대단한 비밀이라고 귓속말까지 하시나요?"
"아무리 말 못 하는 짐승이라도 자신의 흉을 들으면 서운하지 않겠습니까?"
농부의 말을 듣고 크게 깨달은 황희는 말과 행동을 더욱 조심하며
나랏일에 전념했어요.

* **명재상**: 임금을 도와 나랏일을 돌보던 아주 높은 벼슬아치

✏️ **쓰기**

농부가 말한 일 잘하는 소는 어떤 소였을지 농부의 말을 상상하며 써 보아요.

황희

조선의 또 다른 명재상 맹사성은 마음이 어질고 소탈했어요.
멋진 말 대신에 검은 소를 타고 다니며 피리 부는 걸 좋아했지요.
어느 날 맹사성이 고향으로 간다는 소식이 들려오자, 마을 현감*이 맹사성을 맞으려고 마을 어귀에 나왔어요.
한데 으리으리한 행렬은 보이지 않고 한 노인만 소를 타고 지나가고 있었어요.
"저 노인이 재상님이 오실 길을 막고 있지 않느냐? 어서 노인을 끌어내라."
현감의 호통에 포졸은 노인을 마을 밖으로 끌어냈어요.
노인은 사람이 다니라고 만든 길을 왜 막느냐고 실랑이를 벌였지만 소용없었어요.
현감은 나중에야 그 노인이 맹사성이었다는 걸 알고 크게 후회했어요.
이 일로 마을 사람들은 맹사성의 소탈하고 검소한 모습과 온화한 성품에 감명받아 그를 더욱 존경했답니다.

*현감: 작은 마을을 다스리는 관리

오려 붙이기
검은 소에 안장을 오려 붙이고 플랩을 열어 피리 부는 맹사성의 모습도 살펴보아요.

맹사성

붙여요

★ 황희와 맹사성은 세종 대왕을 도와 오랫동안 나랏일을 했어요.

39 과학 발명가 장영실

장영실은 조선 최고의 과학 발명가예요.
노비 출신이었던 장영실은 손 기술이 뛰어나 일찍부터 궁궐에서 일했어요.
어느 날 세종 대왕이 장영실을 불렀어요.
"사신들과 명나라로 가 천문 관측기구를 만드는 기술을 익혀 오도록 하라."
장영실은 명나라에서 여러 가지 지식을 익히고 돌아와 기술 연구에 힘을 쏟았어요.
세종 대왕은 장영실을 노비 신분에서 풀어 주고 관직도 주었어요.
"임금님께 보답해야지. 최고의 과학 기구를 만들겠어!"
장영실은 물시계와 해시계, 측우기, 혼천의 등을 만들며
조선의 과학을 높이 끌어올렸답니다.

쓰기

해시계, 물시계 등 조선 시대 최고의 과학 발명품을 만든 과학자의 이름을 써 보아요.

붙여요

1. 해가 이동하며 생기는 그림자로 시간과 계절을 알려 주는 해시계예요.

붙여요

2. 해와 달, 별의 위치를 관찰하는 천체 관측기구예요. 최초의 천문 시계이기도 해요.

드디어! 완성했어!

붙여요

3. 비가 온 후 불어난 하천물의 높이를 재는 기구예요. 돌로 만들어 강물에 오래 있어도 썩지 않아요.

붙여요

4. 그릇에 물이 흘러 쇠구슬이 떨어지면 나무로 만든 인형이 움직여 자동으로 시간을 알려 주는 물시계예요.

장영실

붙여요

5. 돌로 만든 받침대 위 그릇에 고인 빗물의 깊이를 재서 비가 온 양을 측정하는 기구예요.

붙여요

6. 손바닥 크기의 휴대용 해시계예요. 기둥에 추를 떨어뜨려 실을 팽팽하게 만든 다음 그 그림자로 시간을 측정했어요.

오려 붙이기

장영실이 완성한 과학 발명품을 숫자에 맞게 오려 붙여요.

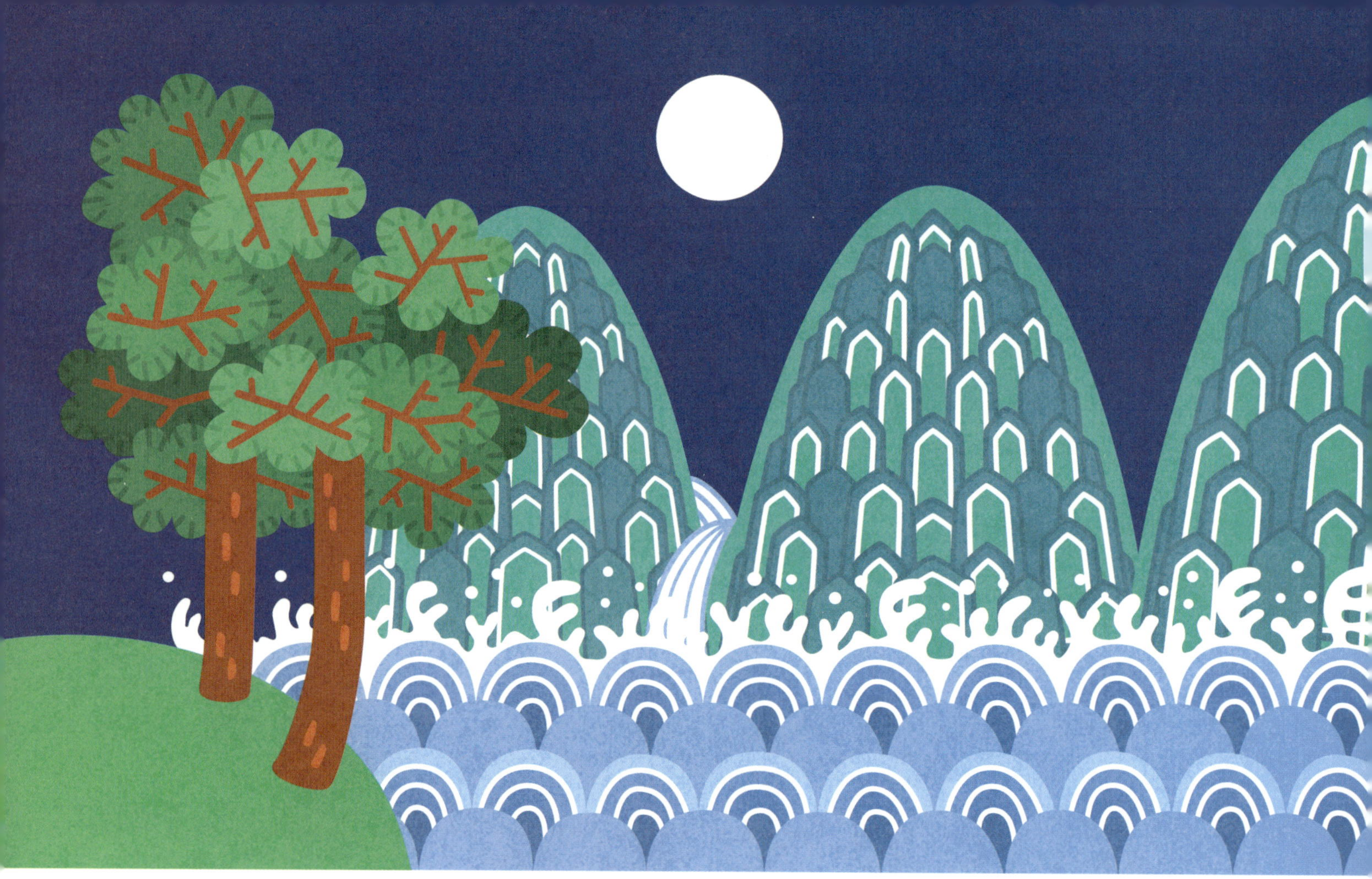

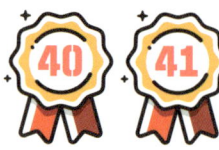

오려 붙이기

세조와 그 신하인 한명회와 신숙주를 오려 붙여요.

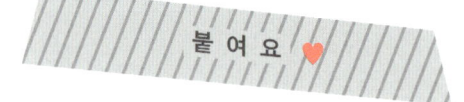

붙여요

40 41 세조의 편이 된 신숙주와 한명회

세종의 둘째 아들인 수양 대군은 어린 조카 단종이 왕이 된 걸 못마땅해했어요.

'12살짜리 아이가 어떻게 조선을 다스려?'

결국 수양 대군은 단종을 밀어내고 왕위에 올라 세조가 되었어요.

이때 가장 많은 공을 세운 일등 공신이 한명회예요. 꾀 많은 한명회는 세조가 사람을 모을 수 있도록 돕고, 세조의 난이 성공하도록 치밀하게 계획을 짰어요.

그 공으로 커다란 권력을 가지고 부귀영화를 누렸답니다.

★**일월오봉도**
조선 시대 왕의 자리 뒤쪽에 놓이던 병풍이에요. 다섯 개의 산봉우리와 해, 달, 소나무 등이 그려져 있지요.
영원한 왕실과 왕의 존엄을 나타낸답니다.

신숙주는 세종이 아꼈던 집현전 학사로 훈민정음 창제를 도왔어요. 세종의 아들인 문종, 그 아들인 단종과 가까운 신하이기도 했어요. 그러나 세조가 왕이 되자 단종을 저버리고 세조의 신하가 되었어요.

신숙주는 세조 밑에서 여러 가지 일을 했어요. 여진족을 물리치는 데 공을 세웠고, 다른 나라와의 외교에도 큰 역할을 했어요. 현명하고 지혜로워 영의정 자리까지 올랐답니다.

하지만 신숙주는 사람들에게 단종을 배신한 배신자로 손가락질을 받았어요.

십만 양병설의 이율곡, 주리론의 이퇴계

율곡 이이와 퇴계 이황은 조선 최고의 성리학자들이에요.
율곡 이이는 아홉 번이나 장원 급제할 만큼 학문이 뛰어나고 지혜로웠어요.
어느 날 이이는 선조에게 군대를 더 키워야 한다고 주장했어요.
"전하, 외적이 쳐들어올 때를 대비해 10만 명의 병사를 키워야 합니다."
그러자 다른 신하들이 이이의 '십만 양병설'에 반대했어요.
"이렇게 나라가 평화로운데 무슨 병사를 키운단 말이시오?"
선조도 이이의 말을 흘려들었어요.
그로부터 10년 뒤 일본이 쳐들어오며 임진왜란이 벌어졌어요.
선조는 이이의 말을 듣지 않은 걸 크게 후회했답니다.

✏️ 쓰기

강한 군사를 키워야 한다는 이이의 주장을 다섯 글자로 써 보아요.

퇴계 이황은 나랏일에서 물러난 뒤 고향인 안동에 도산서당을 차렸어요.
그러자 전국에서 사람들의 발걸음이 끊이지 않았어요.
"퇴계 선생님, 부디 제자로 받아 주십시오."
이황은 도산서당에서 수많은 제자를 가르쳤어요.
"배우는 사람은 마음을 가다듬고 학문에 힘써야 한단다."
이황의 가르침에 제자들은 더욱 열심히 학문을 닦았어요.
이황도 성리학을 깊이 연구하여 '주리론'을 완성했어요.
이황이 세상을 떠난 뒤 제자들은 스승님을 기리기 위해 도산서당 뒤쪽에 도산서원을 세웠답니다. 현재 도산서원은 유네스코 세계 문화유산으로 등재되어 있어요.

★도산서원
제자들은 서당 뒤편에 서원을 세워 그의 여러 문집을 보관했어요.

여기가 제가 가르치던 도산서당입니다!

스티커
도산서당을 스티커로 붙여 도산서원을 완성해요.

이퇴계

★도산서당
도산서당은 작고 소박해요. 방 1칸, 부엌 1칸, 마루 1칸 등 3칸으로 된 작은 남향 집이지요.

★양귀비와 도마뱀
빨간 양귀비꽃이 소담스레 피어 있고 그 주위를 흰 나비가 날아다녀요.

★오이와 개구리
덩굴을 따라 주렁주렁 매달린 오이 앞에 개구리와 땅강아지가 뛰어다녀요.

오려 붙이기

포도 그림을 받고 기뻐하는 부인을 오려 붙여요.

붙여요

44. 오죽헌 화가 신사임당

신사임당은 조선의 여성 화가로, 어릴 적부터 강릉 집 '오죽헌'에서 살았어요.
결혼한 뒤에도 이곳에 살며 율곡 이이를 낳았지요.
어느 날 신사임당이 잔칫집에 갔을 때예요.
한 부인의 비단 치마에 음식 국물이 튀고 말았어요.
"어머! 친구에게 빌려 입은 치마인데…. 어쩌면 좋아."

★ 가지와 방아깨비
성실히 익어가는 가지 옆으로 방아깨비, 나비들이 분주히 움직여요.

★ 수박과 들쥐
빨갛게 익은 수박을 들쥐들이 신나게 먹고 있어요.

★ 초충도병

스티커
병풍에서 빠진 신사임당의 그림을 스티커로 붙여요.

신사임당

★ 오죽헌
오죽헌은 신사임당이 어려서부터 결혼한 뒤까지 살았던 강릉에 있는 집이에요.

부인이 걱정하며 울먹이자 신사임당이 치마 위 얼룩에 탐스러운 포도 그림을 그려 주었어요.
"이 치마를 팔아 친구에게 새 비단 치마를 사 주도록 해요."
신사임당이 그린 포도 그림은 새 비단 치마를 사고도 남을 만큼 비싸게 팔렸어요.
신사임당은 풀과 벌레, 꽃 등도 잘 그렸어요. 마당에서 볼 수 있는 작은 벌레와 풀을 섬세하게 그린 신사임당의 「초충도」는 조선 시대에 커다란 인기를 끌었답니다.

 잘 싸운다! 의병장 **곽재우**와 **조헌**

1592년 임진왜란이 벌어지며 왜군이 쏟아져 들어와 조선 땅을 짓밟았어요.
이때 의병들이 스스로 나라를 지키기 위해 나섰어요.
의병은 군인은 아니지만, 나라를 위해 스스로 전쟁에 나선 사람이에요.
곽재우, 조헌 같은 양반들은 재산을 풀어 의병을 모았고,
상민들은 가족을 지키기 위해 칼과 창을 들었어요.
곽재우 의병장은 특히 붉은 옷을 입고 왜군과 맞서서
사람들이 그를 홍의장군*이라 불렀답니다.

*홍의장군: 붉은 옷을 입은 장군

색칠하기
곽재우는 늘 붉은 옷을 입어 홍의장군이라고 불렸어요. 곽재우의 옷을 빨갛게 색칠해요.

★곽재우 의병장과 의병은 성 밖에서 북을 치고 횃불을 흔들며 왜군의 사기를 꺾었어요.
진주성으로 쳐들어가려는 왜군을 방해하여 우왕좌왕하게 만들기도 했지요.

조헌 의병장은 왜군들로부터 청주성을 지켜냈어요. 그 후 금산을 차지한 왜군을 몰아내기 위해 의병들과 용감히 싸우다가 그곳에서 숨을 거두었지요. 곽재우와 조헌, 그리고 이름 모를 수많은 의병이 목숨을 걸고 용감히 싸웠기에 임진왜란을 이겨낼 수 있었답니다.

◆ 접어요
점선을 따라 뒤로 접으면 뒷장과 연결되어 진주성이 완성돼요.

◆ 스티커
조헌의 손엔 도끼를, 의병들 손엔 무기를 스티커로 붙여요.

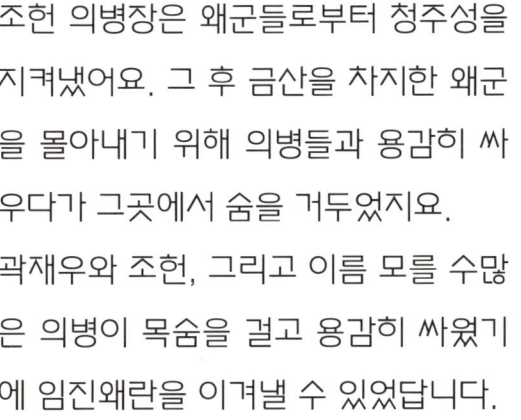

47 진주 대첩을 이끈 김시민

오려 붙이기

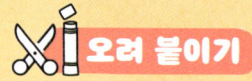

진주성을 지키는 김시민 장군을 오려 붙여요.

임진왜란이 벌어진 1592년, 왜군 3만여 명이 진주성을 에워쌌어요.
진주성을 지키고 있던 김시민 장군이 침착하게 말했어요.
"모두 성 안으로 들어오라. 여자들도 모두 남장*을 해라!"
김시민 장군은 농민들부터 여자들까지 싸울 수 있는 사람을 모두 모았어요.

*남장: 남자처럼 차려입은 모습

스티커

성벽을 오르는 왜군에게 우리 병사들이 쏜 화살과 돌을 스티커로 자유롭게 붙여요.

★돌과 끓는 물
성벽에 오르는 왜군에게 돌멩이와 끓는 물을 퍼부었어요.

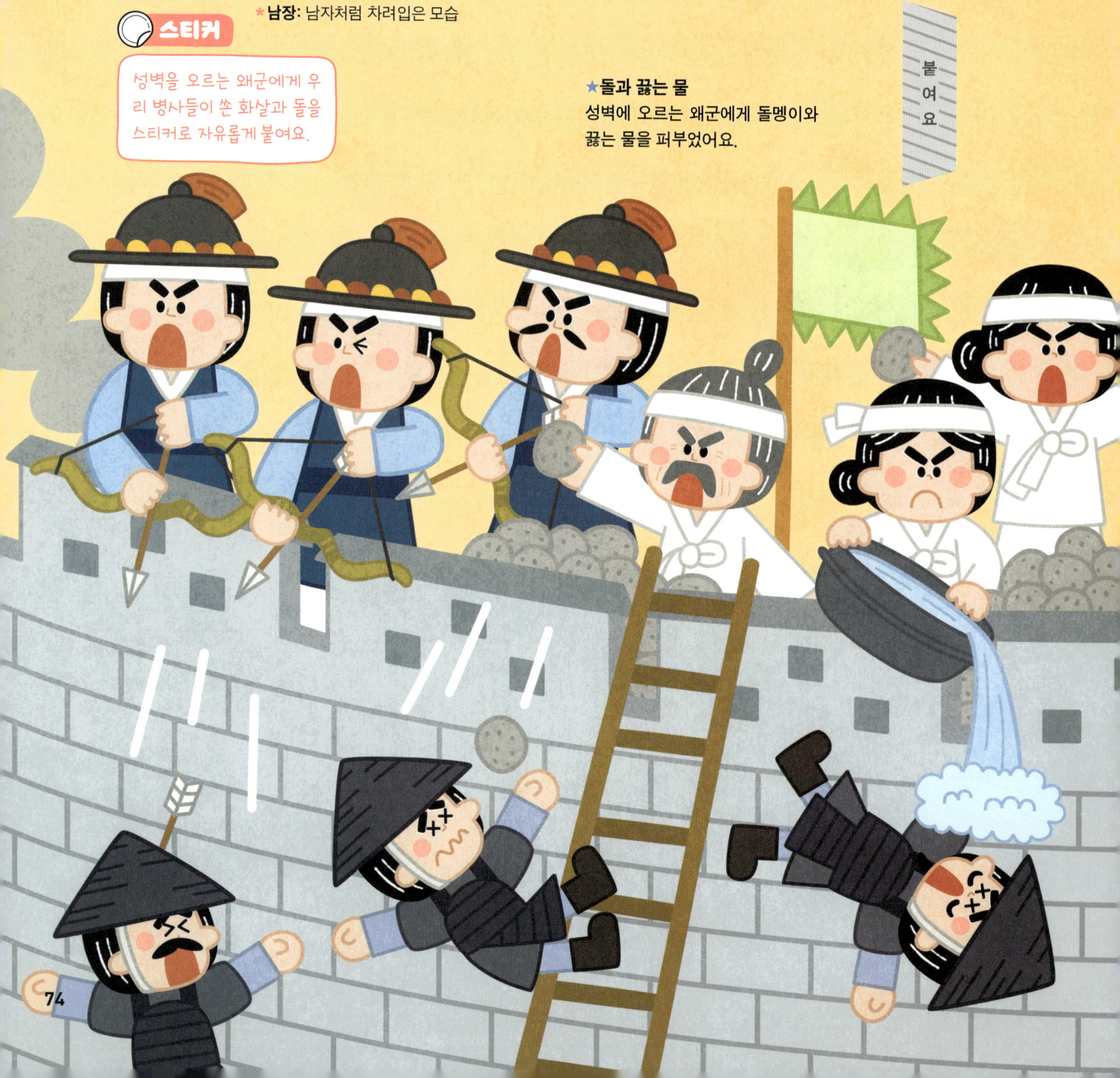

"성벽에 허수아비를 세워 군인이 많아 보이도록 하라!"
왜군들은 허수아비에 겁을 내며 총을 쏘아 대느라 총알을 낭비*했어요.
"피리를 불어 왜군의 마음을 흔들어라!"
왜군들은 피리 소리를 듣고 마음이 흔들려 힘이 빠졌어요.
김시민 장군은 끝까지 버텨 성을 지켜 냈지만,
일곱 번째 날 왜군의 총에 맞아 숨을 거두었어요.

*낭비: 꼭 필요할 때 쓰지 않고 헤프게 쓰는 행동

붙여요

★ 피리 소리
악공들은 피리를 불어 자신만만함을 드러내었어요. 왜군들의 마음은 불안했지요.

★ 허수아비
허수아비를 성벽 위로 올렸다 내렸다 하여 왜군의 총알을 허비하게 했어요.

48 나라를 구한 영웅 이순신

이순신 장군은 임진왜란 때에 조선을 구해낸 영웅이에요.

이순신 장군은 일본과의 전쟁에 대비해 미리 거북선을 만들고 수군을 훈련했어요.

왜군이 쳐들어오자 23번 싸워 23번 모두 승리를 거두었지요.

하지만 마지막 전투인 노량 해전에서 적이 쏜 총에 맞고 말았어요. 이순신은 병사들이 끝까지 흔들리지 않기를 바라는 마음에 이렇게 말했어요.

"싸움이 급하니 나의 죽음을 알리지 마라."

우리 수군은 조선을 도우러 온 명나라 수군과 함께 왜군의 배 500여 척 중에 450여 척을 부수는 대승리를 거두었답니다.

오려 붙이기
이순신 장군을 오려 붙여요.

★수군

★이순신
이순신 장군은 임진왜란 때 일어난 모든 전투에서 승리를 거두어 왜군을 벌벌 떨게 했어요.

이순신 장군이 커다란 승리를 거둔 세 번의 전투가 있어요.
바로 한산도 대첩, 명량 해전, 노량 해전이에요.
한산도 대첩은 한산도 앞바다에서 벌어진 전투예요.
100척이 넘는 왜선이 밀려오자 우리 수군은 거북선 3척과 50여 척의 배로 출전했어요.
이순신 장군은 먼저 대여섯 척의 배를 보내 왜선을 공격하게 한 다음, 도망치는 척하며 왜군의 배를 한산도 앞바다로 끌어들였어요.
마침내 왜선들이 한산도로 따라 들어오자 이순신 장군이 외쳤어요.
"왜선을 둥글게 감싸며 공격하라!"

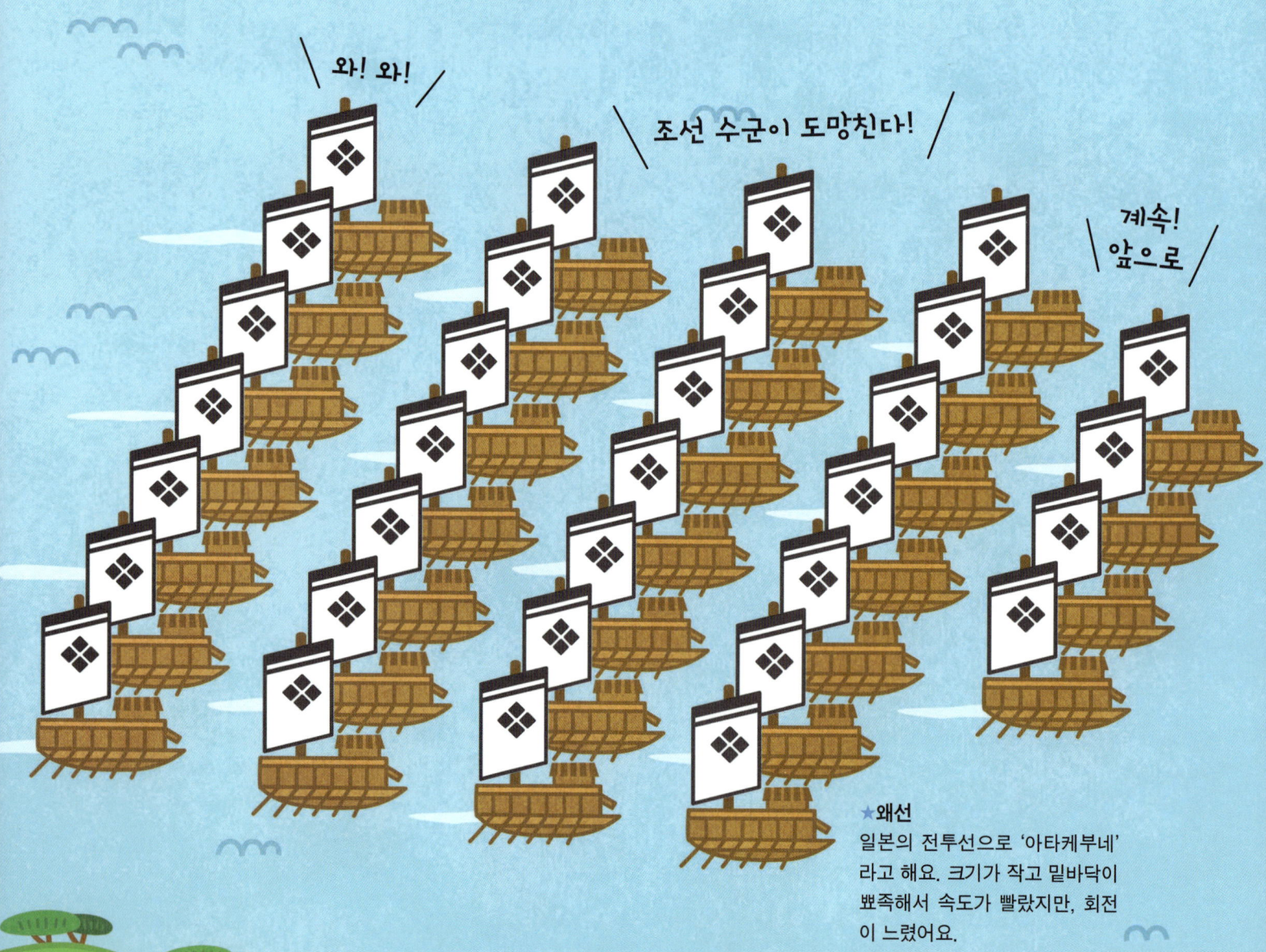

★왜선
일본의 전투선으로 '아타케부네'라고 해요. 크기가 작고 밑바닥이 뾰족해서 속도가 빨랐지만, 회전이 느렸어요.

우리 수군은 학이 날개를 펼치는 모양으로 왜선을 감싸는 '학익진' 전법을 펴고 왜선을 향해 화포와 불화살을 쏘아댔어요.

펑! 펑! 휘익! 휙!

왜선 대부분이 우지끈 부서지고 불에 탔어요.

우리 배는 단 한 척도 부서지지 않고 승리를 거두었지요.

한산도 대첩은 세계 최고의 해전 가운데 하나로 손꼽히고 있답니다.

🎾 **스티커**

거북선은 돌격선이었어요. 왜선을 공격하는 거북선을 스티커로 붙여요.

★**거북선**
거북선은 용머리를 달았고 등에는 송곳과 칼을 꽂았어요. 거북선은 사방에서 대포를 쏠 수 있었답니다.

 **오려 붙이기**

왜군을 물리치러 출전한 수군을 오려 붙이고 플랩을 열어 학익진 전법으로 승리한 모습을 살펴보아요.

★**학익진** 학이 날개를 편 모양으로 적의 함대를 둘러싸는 전술이에요.

★**신무문** 경복궁의 북쪽 문이에요. 평소엔 쓰지 않고 비상시에 사용했어요.

49~55 조선의 왕들 태정태세문단세

조선은 태조 이성계가 세운 나라예요. 태조는 한양을 도읍으로 삼고 이곳에 왕이 지낼 경복궁을 지었어요. 조선은 1392년부터 1910년까지 약 500여 년 동안 이어졌어요. 조선을 다스린 왕은 모두 27명이랍니다.

태정태세문단세는 1대 왕부터 7대 왕까지인 태조, 정종, 태종, 세종, 문종, 단종, 세조를 뜻해요. 일곱 왕의 앞 글자를 따서 부르는 말이지요.

조선 초기의 왕들은 제도, 학문, 문화 등을 발전시키며 조선의 기틀을 다져 나갔답니다.

★**영추문** 경복궁의 서쪽 문이에요.
신하들과 관리들이 드나들었어요.

✏️ **쓰기**
조선 시대 일곱 왕의 이름을 따라 써 보고 업적을 확인해요.

내가 조선을 세웠다오.
조선

1대 태조
- 과거 제도를 강화했어요.
- 조선의 기틀을 다졌어요.

2대 정종
- 사병제를 폐지했어요.
- 5부 학당을 세웠어요.

관리 제도를 개혁했어.

 ## 단종을 지킨 사육신과 생육신

세조가 어린 단종을 쫓아내자 단종의 신하들은 세조를 없애려고 계획을 세웠어요.

하지만 계획이 새어 나가는 바람에 들통나 붙잡히고 말았어요.

신하 중 성삼문은 세조를 향해 말했어요.

"하늘 아래 해가 둘일 수 없듯 왕도 둘일 수 없습니다."

오로지 단종만이 왕일 뿐, 세조는 왕이 아니라는 말이었지요.

이 일로 성삼문, 박팽년, 이개, 하위지, 유성원, 유응부는 죽임을 당했어요.

이렇게 죽어서 절개를 지킨 여섯 명의 신하들을 '사육신'이라고 해요.

★사육신 중 성삼문, 박팽년, 이개, 하위지, 유성원은 집현전 학자였고 유응부는 유일한 장군이었어요. 이들은 모두 세종과 문종의 신임을 받은 신하들이었답니다.

 스티커

사육신들이 한 말을 스티커로 붙여요.

붙여요

오려 붙이기
임금의 자리에 앉은 세조의 모습을 오려 붙여요.

세조를 위해 벼슬에 나설 수 없다며 고향으로 내려간 지낸 선비들도 있어요. 김시습, 원호, 이맹전, 성담수, 조려, 남효온 여섯 사람은 '생육신'이라고 불렸어요. 살아서 절개를 지킨 여섯 신하란 뜻이지요.

생육신은 단종을 안타까워하며 평생 벼슬에 나가지 않았답니다.

★이맹전
한양으로는 쳐다보지도 않았어요.

★김시습
죽은 사육신을 남몰래 땅에 묻어 주었어요.

생육신

★원호
자연에서 글만 읽다 조용히 지내다 세상을 떠났어요.

★조려
평생 낚시만 하다 생을 마감했어요.

★남효온
사육신의 이야기인 『육신전』을 써 길이 남겼어요.

★성담수
아버지의 묘 밑에 살면서 한양에 가지 않았어요.

68 의롭게 몸 바친 논개

임진왜란 때에 진주성에서 두 번의 전투가 있었어요.

첫 전투인 진주 대첩에서는 왜군을 당당히 막아냈지만, 두 번째 전투에서는 크게 지고 말았어요.

진주성을 차지해 신이 난 왜군 장수들은 남강이 내려다보이는 곳에서 잔치를 벌였어요.

잔치 자리에 있던 논개는 모두가 술에 취한 틈을 타 한 왜군 장수를 붙잡았어요.

'왜군 한 놈이라도 내가 없애고 가겠다!'

논개는 왜군 장수를 끌어안고 절벽에서 남강으로 몸을 던졌어요.

사람들은 조선에 쳐들어온 왜군을 죽이기 위해 목숨을 내놓은 논개를 기리며 바위에 '의로운 바위'라는 뜻의 '의암'이라는 이름을 지어 주었답니다.

스티커
왜군 장수를 껴안고 강물로 뛰어든 논개를 스티커로 붙여요.

★촉석루
고려 때 지은 진주성 안에 촉석루가 있어요.

논개

★의암

69 권율과 행주치마

임진왜란 때에 권율 장군은 행주산성에서 왜군과 맞섰어요.
"권율 장군님, 화살이 떨어져 갑니다!"
우리 군은 화살이 다 떨어지자 돌멩이와 재를 던지며 왜군과 맞섰어요. 왜군들은 결국 행주산성을 뚫지 못하고 도망쳤지요. 이 승리가 바로 '행주 대첩'이에요.

행주 대첩에서 여자들이 행주치마*에 돌멩이를 모아 성벽으로 날랐다는 이야기도 전해 내려와요. 왜군을 물리치고자 한 백성들의 뜨거운 마음을 느낄 수 있답니다.

* **행주치마**: 부엌일을 하기 위해 치마 위에 덧입은 짧은 치마

🟢 **스티커**

여인들의 치마에 돌멩이가 담긴 행주치마를 스티커로 붙여요.

4절에서 만나는 위인들

70 홍길동

71 임꺽정

72~74 삼 학사

75 박문수

76 한석봉

77 김홍도

78 김삿갓

79 김정호

80 영조 대왕

81 정조

82 정약용

83 전봉준

84 김대건

85 황진이

86 홍경래

87 김옥균

88 안중근

89 이완용

 번쩍번쩍 누비는 의적 홍길동과 임꺽정

홍길동과 임꺽정은 조선 시대에 유명한 두 도적이에요.

홍길동은 도적단의 두목이었어요. 벼슬아치처럼 빼입고 관아로 가 자기가 높은 관리인 척 속이고 관리들의 재물을 빼앗았다고 해요.

허균은 실제 인물인 홍길동의 이야기를 바탕으로 『홍길동전』을 썼어요.

이야기 속 홍길동은 어머니의 신분이 낮아 양반인 아버지를 아버지라 부르지 못해요.

홍길동은 집을 떠나 도적 떼의 두목이 되어서 동에 번쩍 서에 번쩍 하며 탐관오리*들을 혼내 주고 재물을 백성들에게 나누어 줘요.

그 후 홍길동은 도적단을 이끌고 섬나라 율도국으로 건너가 율도국의 왕이 된답니다.

*탐관오리: 백성의 재물을 빼앗고 행실이 바르지 못한 관리

임꺽정은 천한 신분인 백정이었어요.

탐관오리들이 세금을 마구 걷어 굶어 죽을 지경이 되자 차라리 도적이 되기로 했어요.

도적들의 두목이 된 임꺽정은 주변 탐관오리들과 못된 양반들의 창고를 털어 가난한 백성들에게 나누어 주었어요.

백성들은 임꺽정을 관청에 신고하기는커녕, 관군이 움직이려 하면 미리 임꺽정 무리에 알려 주어 피할 수 있도록 도왔어요. 사람들은 임꺽정의 무리를 '의적'이라고 부르며 의로운 도둑으로 여겼답니다.

🔵 **스티커**

사람들의 손에 임꺽정의 쌀 주머니를 스티커로 붙여요.

대쪽 같은 삼 학사

병자호란을 일으켜 조선에 쳐들어온 청나라는 인조에게 항복하라고 했어요.
그러자 홍익한, 윤집, 오달제 세 학사가 강하게 반대를 했어요.
"오랑캐인 청나라에 항복할 수 없습니다. 청과 끝까지 싸워야 합니다."
인조는 우왕좌왕하다 결국 항복했어요.
세 학사는 청에 끌려갔지만, 그곳에서 당당하게 죽음을 받아들였어요.
선비들은 세 학사의 곧은 마음이 추운 겨울에도 푸르른 대나무 같다며 크게 존경했답니다.

★ **대나무**
대나무는 매화, 난초, 국화와 더불어 사군자의 하나로 지조와 절개를 상징해요.

색칠하기

절개를 나타내는 대나무를 색칠해요.

절대 항복할 수 없다!

삼 학사

75 암행어사 박문수

정직하고 청렴한 박문수는 영조 시대에 어사가 되었어요.
어사 박문수는 억울하게 땅을 빼앗긴 백성을 도와주고 누명을 쓴 백성의 이야기에 귀 기울여 주었어요. 나쁜 관리와 못된 양반들을 잡아다 벌을 주기도 했어요.
어사 박문수의 활약이 알려지자 백성들은 억울한 사람들을 돕는 '암행어사* 박문수' 전설을 지어내 퍼뜨렸어요. 전설 속 박문수는 "암행어사 출두야!" 하고 시원하게 외치며 탐관오리를 혼내 준답니다.

*암행어사: 왕의 명령을 받아 정체를 숨기고 지방을 살피는 관리

쓰기
탐관오리를 벌주는 암행어사의 이름을 써 보아요.

암행어사 출두요!
★ 마패
박문수
으악! 도망가자!

스티커
못된 관리를 혼내 주는 어사단을 자유롭게 스티커로 붙여요.

오려 붙이기
촛불을 끄고 솜씨를 겨루는 어머니와 한석봉의 모습을 오려 붙여요.

스티커
어머니의 떡과 한석봉의 글씨를 스티커로 붙여 시합 결과를 확인해요.

76 삼 년 공부로는 모자랐던 한석봉

한석봉은 어려서부터 돌 위에 물을 찍어 연습할 정도로 글씨 쓰기를 좋아했어요.
석봉이 공부를 한 지 삼 년 만에 집으로 돌아오자 어머니가 말씀하셨어요.
"불을 끄고 솜씨를 겨뤄 보자꾸나. 나는 떡을 썰 테니 너는 글을 쓰거라."
불을 켜고 보니 어머니의 떡은 가지런했는데 석봉의 글씨는 비뚤비뚤했어요.
부끄러워진 석봉은 더 부지런히 공부해 선조가 아끼는 명필가가 되었답니다.

77 풍속도를 그린 단원 김홍도

단원 김홍도는 임금님의 얼굴을 그릴 만큼 뛰어난 도화서* 화원으로, 소박한 생활 모습을 담은 풍속도를 자유롭게 그리곤 했어요.

"저 씨름 구경하는 사람들 좀 봐. 다들 신났는걸."

김홍도는 씨름판의 왁자지껄한 모습을 담은 「씨름」, 서당에서 아이들이 공부하는 모습을 담은 「서당」, 대장간*에서 일하는 모습을 담은 「대장간」, 등 조선 사람들의 생활 풍속을 익살스럽게 담아내었답니다.

* **도화서**: 그림 그리는 일을 담당하던 관청
* **대장간**: 쇠를 달구어 온갖 연장을 만드는 곳

> **찾기**
>
> 김홍도의 풍속도 「씨름」에서 아래의 모습을 찾아 동그라미 해 보아요.
> - 얼굴을 부채로 가린 선비
> - 엿 파는 소년
> - 벗어 놓은 고무신 두 켤레

★ **풍속도**
백성들의 생활 모습을 담은 그림이에요. 김홍도 덕분에 조선 시대 생활 모습을 알 수 있었어요.

김홍도

78 방랑 시인 김삿갓

김삿갓 김병연은 어릴 적 집안이 망해 하인 손에 자랐어요.
과거 시험을 치러 간 김병연은 홍경래의 난 때 항복한 김익순을 비판하는 글을 써 급제했는데, 뒤늦게 김익순이 돌아가신 할아버지라는 걸 알게 되었어요.
"할아버지를 욕되게 하다니…. 나는 하늘을 올려다볼 수도 없는 죄인이구나."
김병연은 자신을 부끄러워하며 삿갓을 쓰고 전국을 떠돌며 시를 짓고 살았어요.
이때부터 사람들은 김병연을 '방랑* 시인 김삿갓'이라고 불렀지요.

*방랑: 정한 곳 없이 이리저리 돌아다니는 것

스티커
김삿갓의 머리에 삿갓을 스티커로 붙여요.

나는 하늘을 볼 수 없는 죄인입니다.

★ 삿갓
비나 햇볕을 막기 위해 대나무 조각이나 갈대로 엮은 모자예요. 자신을 드러내고 싶지 않을 때도 종종 쓰곤 했어요.

★ 봇짐
필요한 물건들을 싸서 등에 지고 다니던 보따리예요. 종이, 먹, 벼루 등과 갈아입을 옷이 들어 있었어요.

김삿갓

 ## 『대동여지도』를 만든 김정호

김정호는 커다란 세상을 담는 작은 지도에 푹 빠졌어요.

"산줄기 물줄기를 조그만 선으로 담을 수 있다니. 나도 지도를 그리고 싶어!"

김정호는 지금까지 만들어진 조선의 지도를 꼼꼼히 살피고 연구했어요.

그리하여 산맥과 하천, 해안선과 도로까지 꼼꼼히 담은 『대동여지도』를 만들었어요.

김정호는 종이에 조선을 담은 최고의 지리학자, 지도 제작자랍니다.

 **오려 붙이기**

『대동여지도』중 일부를 오려 붙여 지도를 완성해요.

김정호

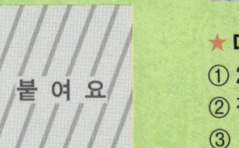

붙여요

★ **대동여지도**
① 22권으로 된 목판 지도예요.
② 작게 접을 수 있어요.
③ 10리마다 점을 찍어 쉽게 거리를 가늠할 수 있어요.

 신문고를 부활시킨 영조 대왕

조선 시대에는 신하들이 여러 당파*로 나누어져 있었어요.
신하들은 자기네 당파끼리 뭉쳐 다른 당파와 다투곤 했지요.
어느 날 영조는 신하들을 불러 새로운 음식을 맛보게 했어요.
하얀 청포묵 위에 색색의 고명이 올라있는 음식이었어요.
"이건 탕평채라 하오. 고명을 골고루 섞어 먹어야 제맛이오. 나는 탕평채처럼 인재를 골고루 쓰고자 하니 서로 가까이 지내며 나랏일에 힘써 주시오."
영조는 어느 당파에도 치우치지 않는 '탕평책'으로 조화로운 정치를 펴려고 노력했어요.

*당파: 조선 시대에 정치적 입장이 같은 무리

> 전하! 성은이 망극하옵니다.

> 아니, 이것은 탕평채?

> 전하! 음식이 맛있습니다.

🔵 **스티커**
영조가 베푼 탕평채를 스티커로 붙여요.

붙여요

또 영조는 예전에 없어졌던 신문고를 다시 궁궐 밖에 만들었어요.
"백성들의 소리에 귀 기울이겠노라."
신문고는 백성들을 위해 달아 놓은 커다란 북이에요.
백성들이 억울한 일을 당하면 신문고를 쳐서
직접 알릴 수 있도록 했지요.
영조는 가혹한 벌을 없애고
재판 없이 사람을 죽이지 못하게 하는 등
백성들을 위해 어진 정치를 폈답니다.

오려 붙이기

신하와 백성을 위해 어진 정치를 편 영조의 모습을 오려 붙여요.

81. 규장각을 지은 정조

정조는 왕위에 오르자 궁궐 안에 규장각을 세웠어요.

"궁궐 안에 책을 보관하는 왕실 도서관을 세우겠노라."

정조는 젊고 능력 있는 인재들을 규장각으로 모았어요.

양반보다 신분이 낮은 서얼* 출신의 젊은이들도 신분과 관계없이 규장각 관리로 삼았어요.

규장각은 책을 수집하는 왕실 도서관이자, 책을 펴내는 곳이었어요.

학문을 연구하는 학술관이자, 정책을 연구하는 연구소도 되었어요.

*서얼: 양반의 둘째 부인에게서 태어난 자식이에요. 낮은 신분으로 여러 가지 차별을 받았어요.

✏️ 쓰기

규장각을 설치하고 새로운 정치를 이끈 조선 시대 왕의 이름을 써 보아요.

오려 붙이기

밤이 된 규장각의 모습을 오려 붙여요.

규장각 관리들은 밤이 늦도록 학문을 연구하고 열띤 토론을 하며 조선을 위한 새로운 정책을 만들어 나갔어요. 정조는 규장각 관리들의 말에 귀 기울이며 함께 개혁 정치를 펴나갔지요. 정조 시대에 규장각에서는 조선을 발전시킬 학문과 문화가 피어났답니다.

★ **창덕궁 규장각**
규장각은 창덕궁 부용정 맞은편 언덕 위에 지은 2층 전각이에요. 왕의 글이나 왕실의 물품을 보관하던 작은 서고였어요.

82 『목민심서』를 쓴 정약용

다산 정약용은 정조가 오래도록 아낀 신하예요.

하루는 정조가 규장각에서 일하던 정약용을 불렀어요.

"수원에 성을 지을 것이니 튼튼하고 빠르게 성을 쌓는 방법을 연구하도록 하라."

정조의 명을 받은 정약용은 무거운 돌을 쉽게 들어 올릴 수 있는 거중기와 녹로를 발명했어요. 돌을 나르는 수레인 유형거도 발명했어요.

수원 화성이 2년 9개월 만에 지어진 건 정약용의 발명품들 덕이었답니다.

오려 붙이기

정약용이 발명하고 만든 것들을 오려 붙이고 정약용이 한 일도 살펴보아요.

붙여요 ♥

1. 화성을 설계하고 감독했어요.

붙여요 ★

2. 화성 공사를 위해 긴 장대 끝에 도르래를 달고 끝을 얼레에 연결해 무거운 돌을 드는 기구를 만들었어요.

붙여요 ●

3. 왕이 한강을 건너가도록 배다리를 설계했어요.

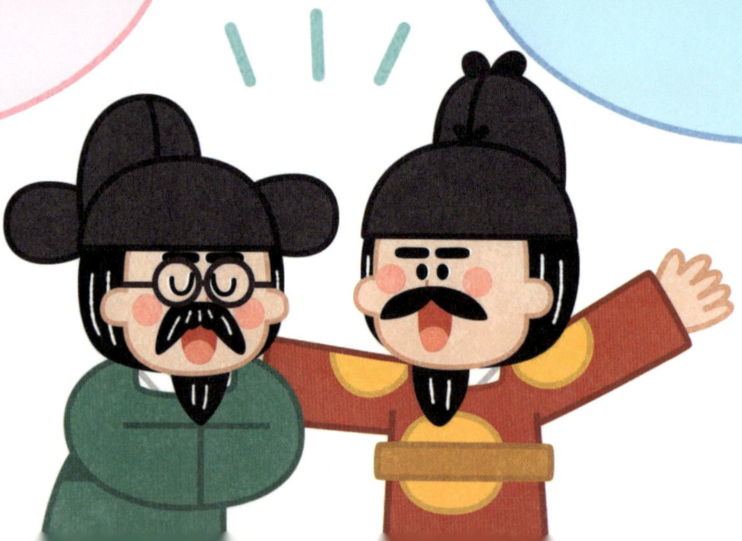

하지만 정조가 세상을 떠나자 정약용은 천주교를 믿었다는 이유로 유배를 가게 되었어요.

백성들이 힘겹게 살아가는 걸 안타깝게 여겼던 정약용은 그곳에서 『목민심서』를 써 나갔어요. 『목민심서』는 지방을 다스리는 관리가 지켜야 할 자세를 담고 있어요. 자기 이익만 챙기는 관리들을 엄하게 비판했지요.

정약용은 『목민심서』에서 이렇게 말했답니다.

"눈앞에 병들어 가는 백성들을 구하지 못한다면 아무리 좋은 법도 소용없다."

정약용은 조선이 새롭게 변화하기를 바라며 죽을 때까지 500여 권의 책을 쓴 위대한 실학자*랍니다.

***실학자**: 백성의 입장에서 현실을 개혁하려고 한 학자

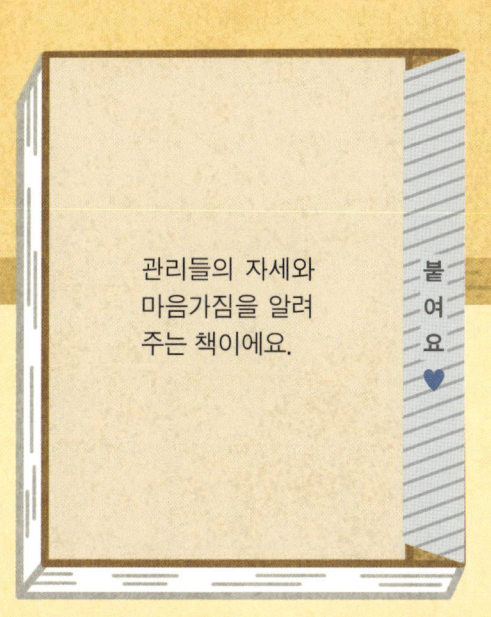

관리들의 자세와 마음가짐을 알려 주는 책이에요.

붙여요 ♥

오려 붙이기

정약용이 쓴 책의 표지를 오려 붙여 책을 완성해요.

정약용

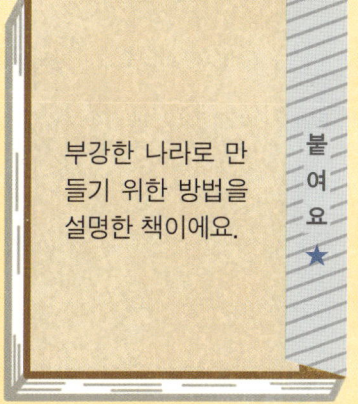

부강한 나라로 만들기 위한 방법을 설명한 책이에요.

붙여요 ★

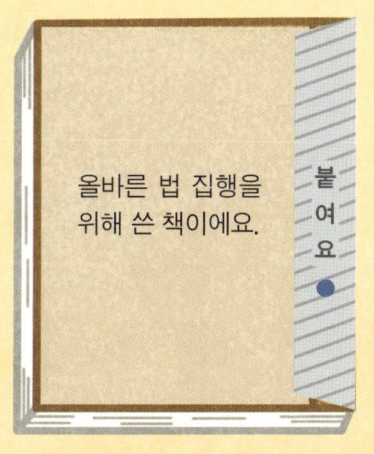

올바른 법 집행을 위해 쓴 책이에요.

붙여요 ●

녹두 장군 전봉준

전라도 고부 군수는 못된 탐관오리였어요. 농민에게 툭하면 돈을 뜯어 갔어요. 횡포가 나날이 심해지자 고부 지역 동학 지도자였던 전봉준이 나섰어요.

"이렇게는 살 수 없습니다! 동학 농민들이여 힘을 모읍시다!"

전봉준이 농민들과 함께 관아로 쳐들어가자 놀란 고부 군수가 도망쳤어요. 고부 관아에서 승리한 전봉준은 동학 농민 운동을 일으켰어요.

"녹두 장군을 따릅시다! 썩어 빠진 관리들을 모조리 몰아내요!"

농민들은 전봉준을 녹두 장군이라고 불렀어요. 녹두알처럼 작고 단단해서 붙은 별명이었지요.

동학 농민군과 전봉준은 끝까지 저항하여 전주성을 차지하는 큰 승리를 거두었답니다.

★ **인내천** 사람이 곧 하늘이라는 뜻이에요.

★ **보국안민** 나랏일을 돕고 백성을 편안하게 한다는 뜻이에요.

오려 붙이기
바위 위에 의기양양한 전봉준의 모습을 오려 붙여요.

그런데 일본군이 우리나라로 들어와 나랏일에 간섭하기 시작했어요.
이 소식을 들은 동학 농민군은 일본에 맞서기 위해 다시 일어섰어요.
"우리나라를 호시탐탐 노리는 일본을 몰아냅시다!"
전국의 동학 농민군이 들고일어나자 정부는 깜짝 놀라 군대를 보냈어요.
관군과 일본군에 용감히 맞서 싸운 동학 농민군은 결국 우금치 전투에서 패하고 말았어요. 그 뒤 녹두 장군 전봉준도 붙잡혀 죽임을 당했어요.
동학 농민 운동은 실패했지만, 백성들의 마음에는 나라를 지키려는 마음이 더욱 깊이 새겨졌답니다.

★ 제폭구민
나쁜 것을 물리쳐 백성을 구한다는 뜻이에요.

★ 척왜척양
왜와 서양 오랑캐를 물리치자는 뜻이에요.

오려 붙이기
도망가는 고부 군수의 모습을 오려 붙이고 플랩을 펼쳐 일본군의 모습도 확인해요.

84 순교한 신부 김대건

"하느님, 저의 죽음이 이 나라에서 천주교의 씨앗이 되게 하소서."
김대건은 순교*하기 전 경건하게 기도를 올렸어요. 그게 김대건의 마지막 모습이었어요.
김대건은 할아버지 때부터 천주교를 믿어온 집안에서 태어났어요.
김대건은 목숨을 걸고 마카오로 건너가 신학 공부를 하여 조선 최초의 신부가 되었어요. 하지만 조선에서는 천주교를 믿는 걸 금지하고 있었어요.
신부가 된 김대건은 방방곡곡을 돌며 천주교 신자들을 격려하고 천주교를 알렸어요. 그러다 관군에게 붙잡혀 순교하게 된 것이에요.

* **순교**: 신앙을 위해 목숨을 바치는 일

★ **천주교**
조선 후기에는 천주(하느님)의 가르침을 믿는 종교가 들어 왔어요.

모든 사람은 평등하답니다.
하느님은 모두를 사랑하신대.
아멘

✏️ 쓰기
조선 최초 천주교 신부의 이름을 써 보아요.

 서화가무에 능한 **황진이**

"우와. 사람이야, 선녀야?"

황진이를 본 사람들은 아름다운 얼굴과 자태에 반하고, 하늘하늘 춤추는 데 반하고, 아름다운 악기 연주에 반하고, 고운 노랫소리에 반했어요.

황진이는 비록 신분이 천한 기생*이었지만, 글과 그림, 노래와 춤 등 서화가무를 모두 잘해 선비들에게 존중받은 예술가였어요.

황진이가 지은 시조는 지금까지 널리 사랑받고 있답니다.

*기생: 잔치에서 춤과 노래로 흥을 돋우는 사람

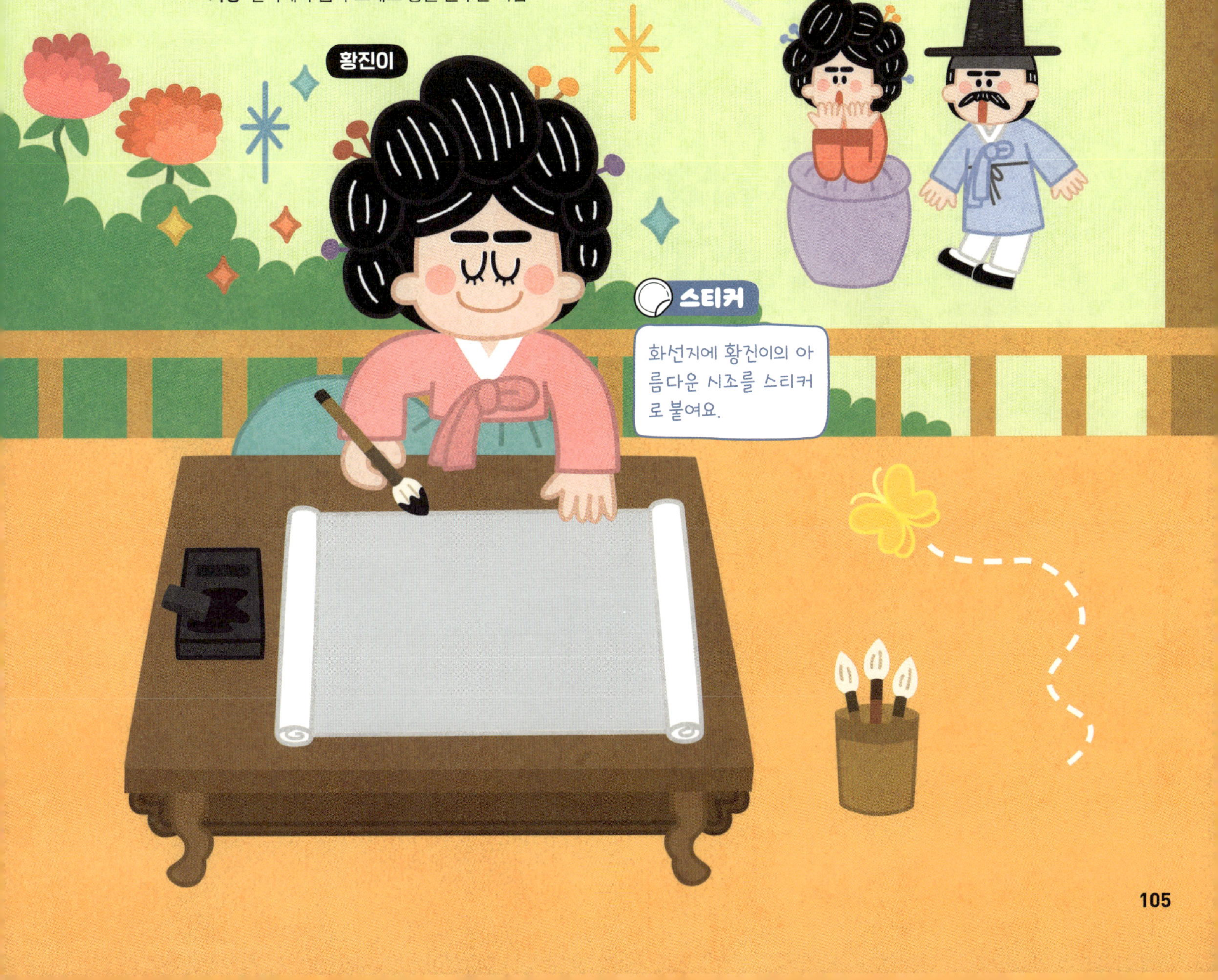

> 스티커
> 화선지에 황진이의 아름다운 시조를 스티커로 붙여요.

 "못 살겠다!" 홍경래의 난

"저놈이 평안도 놈이야."

평안도 사람들은 평안도에 산다는 이유만으로 사람들에게 차별받았어요.

평안도 사람들은 과거 시험에 붙어도 높은 벼슬에 오를 수도 없었지요. 평안도로 온 관리들은 제대로 다스릴 생각은 하지 않고 백성들의 재물을 뜯어낼 궁리만 했어요.

"평안도만 차별하니 이대로는 못 살겠소! 썩어 빠진 정권을 엎어 버립시다!"

화가 난 홍경래는 평안도에서 난을 일으켰어요.

승승장구 승리를 이어 가던 홍경래의 군대는 안주에서 관군에게 쫓겨 정주성으로 도망쳤어요. 홍경래의 군대가 성문을 걸어 잠그자, 관군은 정주성의 성벽을 화약으로 폭파했어요. 이때 홍경래도 관군에게 죽음을 맞았어요.

🔵 **스티커**

농민들 주위에 말풍선을 스티커로 붙여요.

홍경래의 난은 비록 실패했지만, 전국의 많은 농민은 농민도 세상을 바꿀 수 있다는 희망을 품게 되었어요.

"정주성에서 죽은 홍경래는 가짜다. 진짜 홍경래는 살아 있다!"

조선 곳곳의 농민들은 홍경래가 살아 있다고 믿으며 탐관오리에 맞서는 농민 봉기를 일으켰답니다.

★ **농민 봉기**
홍경래의 난 이후 전국으로 농민 봉기가 퍼졌어요. 1862년, 진주 농민 봉기를 비롯하여 농민 봉기가 전국적으로 일어났어요.

 ## 삼일천하로 끝난 갑신정변 김옥균

"서양 문물을 받아들여 조선을 새롭게 바꿔야 해."

김옥균과 급진 개화파 관리들은 하루라도 빨리 개화*를 이루길 바랐어요. 조선이 발전하려면 천천히 개화하자는 온건 개화파 관리들이 없어져야 한다고 생각했지요.

김옥균과 급진 개화파 관리들은 함께 머리를 맞대고 계획을 세웠어요.

"우정총국* 파티 때에 일을 치릅시다. 일본군도 우리를 돕겠다고 했어요."

우정총국에서 파티가 열리던 날, 급진 개화파는 갑신정변을 일으켰어요.

*개화: 새로운 문물과 제도를 받아들이는 일
*우정총국: 조선 말기 우정국(우체국) 일을 담당하던 관청

 **오려 붙이기**
삼일천하로 끝난 갑신정변의 상황을 날짜별로 오려 붙여요.

 **1일째**
우정총국 파티 날 개화파들은 불을 지르고 반대파를 없앴어요. 그리곤 궁궐로 달려가 고종에게 거짓말을 했어요.

 **2일째**
궁궐을 차지한 개화파들이 새 내각을 구성하고 개혁안을 준비했어요.

우정총국에 불을 지른 뒤 혼란한 틈을 타 고종에게 청나라군이 반란을 일으켰다고 거짓말을 했어요. 급진 개화파는 고종을 경우궁으로 피신시키고 궁궐로 돌아가 개혁을 발표했어요.

하지만 조선에 들어와 있던 청나라 군대가 가만있지 않았어요. 청나라군은 급진 개화파를 잡기 위해 궁궐로 밀려들어 왔어요.

김옥균과 급진 개화파는 고작 사흘 만에 개혁에 실패하고 쫓기는 신세가 되었어요.

갑신정변은 비록 삼일천하로 끝났지만, 이 일로 개혁이 필요하다는 걸 느낀 고종은 나라 이름을 '대한 제국'으로 바꾸고 조금씩 개혁해 나갔답니다.

3일째

**개화파들이 개혁안을 발표했어요.
그러나 이날 청나라 군사들이 쳐들어와 갑신정변은 실패하게 되었어요.**

88 애국자 안중근

탕, 탕, 탕!
안중근 의사*의 총소리가 하얼빈역에 울려 퍼졌어요.
조선 식민지화의 원흉인 이토 히로부미가 바닥으로 쓰러졌어요.
"조선을 식민지로 삼는 데 앞장선 너를 그냥 놔둘 수 없다!"
안중근 의사는 이토 히로부미가 하얼빈역으로 온다는 소식을 듣고 기차역으로 갔던 거예요. 그곳에서 이토 히로부미를 없애는 데 성공했지요.
안중근 의사는 죽음을 두려워하지 않고 우리나라의 독립과 동양의 평화를 위해 일제와 맞선 독립운동가이자 애국지사랍니다.

***의사**: 나라를 위해 목숨을 바쳐 의로운 일을 한 사람

통감님!

안중근을 잡아라!

붙여요
안중근

✂️ 오려 붙이기
이토 히로부미를 저격한 안중근 의사를 오려 붙여요.

89 매국노 이완용

일제는 대한 제국의 외교권을 빼앗는 조약을 맺으려고 했어요.
고종과 다른 대신들이 조약을 거부했지만, 이완용을 포함한 다섯 대신이 찬성하는 바람에 억지로 조약을 맺고 말았어요. 이게 바로 '을사늑약'이에요.
고종의 동의를 받지 않은 정식 조약은 아니었지만,
이 조약으로 대한 제국은 외교권을 일제에 완전히 빼앗기고 말았어요.
이완용 등 다섯 대신은 나라를 팔아먹은 매국노*로 손가락질을 받았지요.
을사늑약에 분노한 우리 민족은 의병을 일으켜 일제에 맞섰답니다.

*매국노: 개인의 이익을 위해 나라를 팔아먹는 행동

★ 덕수궁 중명전
을사늑약이 체결된 곳이에요.

★ 을사오적
'을사년의 다섯 도적'이라는 뜻으로, 을사늑약에 찬성한 다섯 명의 대신들을 말해요.

이완용

오려 붙이기
이완용의 말풍선을 오려 붙여 속마음을 알아보아요.

붙여요

5절에서 만나는 위인들

90 윤동주
91 지석영
92 손병희
93 유관순
94 안창호
95 방정환
96 이수일
97 심순애
98 김두한
99 이상
100 이중섭

 ## 「별 헤는 밤」을 쓴 윤동주

별 하나에 추억과 별 하나에 사랑과….

고향을 떠나 공부를 하던 윤동주는 원고지에 사각사각 시를 썼어요.
시 한 줄 한 줄에 어머니에 대한 그리움과 나라를 빼앗긴 슬픔을 담았어요.
독립에 대한 소망도 새겼어요.
"희망을 잃지 말자. 겨울이 지나면 내 조국에도 봄이 올 거야."
윤동주는 독립을 소망하며 「서시」, 「자화상」, 「또 다른 고향」, 「별 헤는 밤」 등의 시를 썼답니다.
윤동주는 일본에서 대학을 다닐 때 독립운동을 했다는 의심을 받고 감옥에 갇혔어요. 광복을 고작 6개월 남겨 놓은 채 감옥에서 눈을 감고 말았지요.

 스티커
깜깜한 밤하늘에 별을 스티커로 붙여요.

윤동주

91 종두법을 시행한 지석영

"천연두*는 귀신이 옮기는 병이 아닙니다. 주사를 맞으면 예방할 수 있어요."
지석영은 영국에서 만들어진 종두법을 일본 의사에게 배워 왔어요.
종두법은 우두에 걸린 소의 고름을 사람에게 주사해서 천연두를 예방하는 방법이에요.
지석영은 종두법으로 많은 사람을 천연두에서 구했답니다.

*천연두: 열이 나고 딱지가 떨어지기 전에 긁으면 흉터가 생기는 전염병

오려 붙이기

천연두 예방 주사를 맞는 아이를 오려 붙여 종두법을 알아보아요.

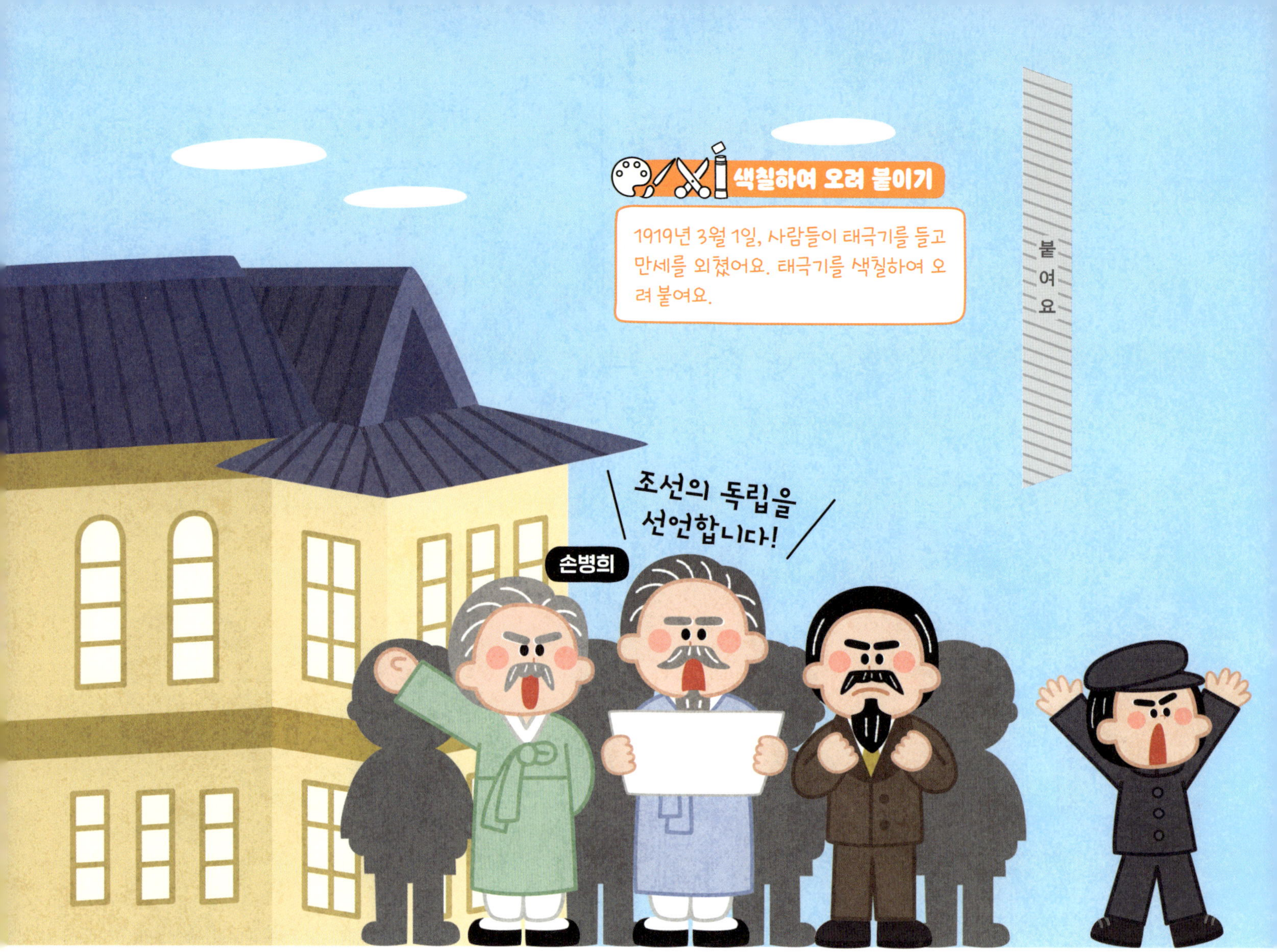
색칠하여 오려 붙이기
1919년 3월 1일, 사람들이 태극기를 들고 만세를 외쳤어요. 태극기를 색칠하여 오려 붙여요.
붙여요
조선의 독립을 선언합니다!
손병희

92 93 민족 대표 33인 손병희, 만세 외친 유관순

동학 지도자인 손병희는 동학의 이름을 천도교로 바꾸고 독립을 위해 많은 활동을 한 독립운동가예요.

“만세를 부른다고 독립이 되는 건 아니오. 그러나 우리 겨레의 가슴에 독립 정신을 일깨울 수는 있소!”

손병희는 우리 민족을 대표하는 지도자들을 모아 3월 1일 독립 선언문을 낭독했어요.

“우리는 조선의 독립을 선언한다. 대한 독립 만세!”

이날 독립 선언을 한 사람들을 민족 대표 33인이라고 해요.

오려 붙이기

만세 운동을 하는 유관순 열사를 오려 붙여요.

이날 서울 곳곳에서 열린 만세 시위는 우리 민족의 가슴에 불을 지폈어요.

열일곱 학생으로 만세 시위에 나섰던 유관순 열사는 고향인 천안으로 내려와 3·1운동 소식을 전했어요.

"여러분, 삼천리강산이 들끓고 있어요. 함께 만세 운동을 해요."

"그래, 하자. 우리나라가 당당한 독립국이라고 널리 알리자!"

약속의 날이 오자 아우내 장터는 만세 소리로 뒤덮였어요.

"대한 독립 만세! 대한 독립 만세!"

유관순 열사는 일제에 붙잡혀 끌려간 교도소에서도 당당히 만세 운동을 벌였답니다.

94. 인재를 기른 도산 안창호

"능력 없는 관리들이 나라를 망치고 있습니다!"

도산 안창호는 누구나 나와서 말할 수 있는 만민 공동회에서 우리나라의 문제점을 딱딱 짚으며 연설을 하였어요.

기울어져 가는 나라를 지키기 위해 안창호는 더 많은 공부를 하려고 미국으로 건너갔어요.

안창호는 미국에서 공부만 하지 않았어요. 미국에 사는 동포를 위해 한인회와 야학을 만들었지요.

"여러분, 배워야 합니다. 청년이 깨어야 나라가 삽니다."

스티커
안창호 선생의 다양한 독립운동 활동을 스티커로 붙여요.

1. 1897년, 독립 협회에 가입하고 만민 공동회에서 연설하였어요.

2. 1907, 이갑, 양기탁, 신채호와 함께 항일 비밀 조직인 신민회를 만들고 대한 매일 신보라는 신문을 만들었어요.

고국으로 돌아온 뒤에도 안창호는 독립을 위한 비밀 조직인 신민회를 만들고 대성 학교도 세웠어요. 그곳에서 독립 정신과 실력을 고루 갖춘 인재를 기르고자 했어요. 또 중국 상해로 건너가 대한민국 임시 정부를 만드는 데도 큰 역할을 했지요.

안창호는 평소 이런 말을 자주 했어요.

"나는 밥을 먹어도 독립을 위해 먹고, 잠을 자도 독립을 위해 잡니다."

안창호는 변함없는 마음으로 오로지 교육 운동과 독립운동에 일생을 바친 교육자이자 독립운동가였답니다.

5. 1919, 상하이에서 대한 임시 정부 수립을 도왔어요.

4. 1913, 미국에 건너가 민족 운동 단체인 흥사단을 만들어 민족 계몽 운동에 힘썼어요.

3. 1908, 평양에 인재 양성을 위한 대성 학교를 설립했어요.

95 어린이날을 만든 **방정환**

"어른들께 부탁합니다. 어린이를 내려다보지 마시고 바라보아 주세요."

방정환은 어린이들의 귀함과 소중함을 널리 알리며 어린이 운동을 펼쳤어요.

"어린이도 우리처럼 인격*을 가진 사람입니다. 평등하게 대해 주세요."

방정환은 '어린이날'을 만들고, 어린이들을 위한 잡지 『어린이』를 만들었어요.

『어린이』에는 재미난 동화부터 공부거리, 읽을거리가 가득해 큰 인기를 끌었어요.

* **인격:** 사람으로서 가치를 존중받을 수 있는 권리

✏️ **쓰기**

방정환이 만든 잡지의 이름을 잡지 안에 써 보아요.

방정환은 잡지에 동요, 동화, 수필 등 많은 글을 실었어요. 글을 실을 때는 여러 가지 필명을 번갈아 썼어요. 소파, 잔물, 몽견초, 물망초, 북극성, 삼산인, 깔깔박사, 직이영감 등이 모두 방정환의 필명이랍니다.

방정환은 어린이들이 잡지를 읽으며 꿈과 희망, 용기와 지혜를 갖추길 바랐어요. 어린이들이야말로 우리나라의 독립을 이룰 희망이자 미래였기 때문이에요.

방정환의 어린이 운동에는 독립을 향한 뜨거운 마음이 담겨 있었답니다.

색칠하기
뛰어노는 어린이들을 색칠해요.

아이들을 어린이라 불러 주세요.

★ 어린이날
지금은 어린이날이 5월 5일이지만 처음에는 5월 1일이었답니다.

방정환

 ## 이수일과 심순애의 사랑 이야기

이수일과 심순애는 소설 속에 나오는 주인공이랍니다.

일제 강점기에 『장한몽』이라는 소설이 신문에 실렸어요.

『장한몽』은 일제에 억눌려 힘겹게 살던 사람들의 마음을 위로하고 즐거움을 주었어요.

 쓰기

아래 4컷 만화의 제목을 마음대로 붙여 써 보아요.

등장인물: 이수일, 심순애, 김중배

심순애는 약혼자 이수일을 버리고 김중배와 결혼했어요.

상처받은 이수일은 돈 버는 일이라면 물불을 가리지 않고 했어요.

얼마 후, 심순애는 후회하며 이수일을 찾았지만, 이수일은 차갑게 심순애를 거절했어요.

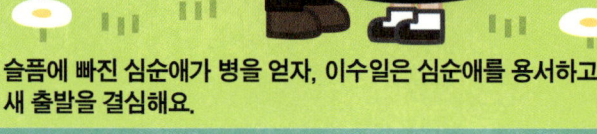

슬픔에 빠진 심순애가 병을 얻자, 이수일은 심순애를 용서하고 새 출발을 결심해요.

98 장군의 아들 김두한

"일본 깡패들은 빠져라. 종로에서 조선 사람을 건들면 가만두지 않겠어!"
김두한이 주먹을 휘두르며 소리치자 일본 깡패들이 나 살려라 도망쳤어요.
김두한이 얼마나 센 싸움꾼인지 일본 깡패들도 다 알았거든요.
독립운동가 김좌진 장군의 아들로 의협심이 남달랐던 김두한은
일제 강점기 최고의 주먹왕이 되어 종로를 넘보는 일본 깡패들을 혼내 주었답니다.

오려 붙이기

일본 깡패를 혼내 주는 김두한의 모습을 오려 붙여요.

"날자꾸나." 외친 천재 이상

"날개야 다시 돋아라. 날자. 날자. 날자. 한 번만 더 날자꾸나."
이상의 소설 「날개」가 나오자 사람들은 깜짝 놀랐어요.
"꼭 내 마음을 들여다보는 것 같아요."
"일제 강점기 시대를 살면서 날개를 잃고 방황하는 우리들의 마음을 잘 나타낸 것 같아요."
하지만 그의 작품이 빛을 보기도 전에 이상은 병에 걸려 젊은 나이에 눈을 감았어요. 일제 강점기에 이상의 작품은 너무 어렵게 느껴져 인기를 끌지 못했지만, 오늘날에는 누구도 따라 할 수 없는 새로움과 독특함으로 시대를 앞선 천재 작가라 불리며 널리 사랑받고 있답니다.

오려 붙이기
「날개」 속 하늘을 날고 싶어 한 주인공처럼 이상의 등에 날개를 오려 붙여요.

 황소 그림을 그린 이중섭

6·25전쟁이 일어나자 화가 이중섭은 가족과 피난을 떠나 제주도까지 내려갔어요. 제주도에서 이중섭 가족은 늘 굶주렸어요. 이중섭은 일본인 아내와 아이들을 일본으로 보낼 수밖에 없었지요.

홀로 부산으로 나온 이중섭은 그리움을 달래며 그림을 그렸어요.

"그래, 내가 사랑하는 황소를 그리자."

어릴 때부터 소의 순한 눈망울을 좋아한 이중섭은 하늘을 향해 울부짖는 황소, 당장이라도 뛰쳐나올 듯 힘찬 황소를 그림에 담았어요.

사람들은 소 그림을 보며 뭉클한 감동을 받았어요.

"울부짖는 소에 우리 민족이 담겨 있군요!"

이중섭은 가족과 만날 날을 손꼽아 기다렸지만, 병으로 눈을 감고 말았답니다.

> 스티커
> 이젤에 이중섭의 소 그림을 스티커로 붙여요.

정답과 출처

쓰기&찾기 정답

14쪽: '윽! 더는 못 견디겠다!', '사람 되기가 쉽지 않구나!' 등 자유롭게 써 보아요.

23쪽: 여섯 개의 줄을 따라 선을 이어요.

54쪽: 목화씨

60쪽: 아버지가 하신 말씀을 또박또박 따라 써 보아요.

62쪽: '검은 소가 튼튼해서 그런지 일을 더 잘합니다.'라는 등 자유롭게 써 보아요.

64쪽: 장영실

68쪽: 십만 양병설

80쪽~81쪽: 조선 7대 왕들의 이름을 따라 써 보아요.

91쪽: 박문수

93쪽:

98쪽: 정조

104쪽: 김대건

120쪽: 어린이

122쪽: '지독한 사랑' 등 재미있는 제목을 자유롭게 써 보아요.

사진 출처

본 책과 만들기 책에 쓰인 사진은 개방한 저작물을 사용하였습니다.

해당 저작물은 국립중앙박물관, 국립민속박물관, 위키백과에서 무료로 내려받으실 수 있습니다.

70쪽~71쪽 신사임당의 초충도: ⓒ국립중앙박물관

93쪽 김홍도의 씨름: ⓒ국립중앙박물관

95쪽 김정호의 대동여지도: ⓒ국립민속박물관

125쪽 이중섭의 흰 소: ⓒ위키백과

저자 소개

글 **오주영**

대학에서 문예 창작을 공부했고, 『이상한 열쇠고리』로 제13회 창비 좋은 어린이책 원고 공모 저학년 부문 대상을 받으며 작품 활동을 시작했습니다. 한 달간 북극에 다녀온 뒤로 사라져 가는 생명에 더 관심이 많아졌어요. 『거인이 제일 좋아하는 맛』, 『수학왕 바코』, 『제비꽃 마을의 사계절』, 『다람쥐 무이의 봄』, 『우주 토끼의 뱅뱅 도는 지구 여행』, 『빨간 여우의 북극 바캉스』 등을 썼습니다.

그림 **박옥기**

아이들을 가르치다 그림을 그리기 시작했어요. 그림으로 사람들에게 더 재미있는 이야기를 들려주고 싶어요. 현재 다양한 분야의 어린이 책에 그림을 그리고 있습니다. 그동안 그린 책으로 『도깨비는 떡을 좋아해』, 『사또는 왜 달을 샀을까?』, 『무엇을 줄까?』, 『일곱 살이면 말이지』 등이 있습니다.

한국을 빛낸 100명의 위인들

지은이 오주영
그린이 박옥기
펴낸이 정규도
펴낸곳 (주)다락원

초판 1쇄 발행 2021년 6월 7일
초판 6쇄 발행 2024년 11월 5일

편집총괄 최운선
책임편집 김지혜
디자인 빅웨이브

📚 **다락원**
주소 경기도 파주시 문발로 211
내용문의 (02)736-2031 내선 272
구입문의 (02)736-2031 내선 250~252
Fax (02)732-2037
출판등록 1977년 9월 16일 제406-2008-000007호

Copyright ⓒ 2021, 오주영

저자 및 출판사의 허락 없이 이 책의 일부 또는 전부를 무단 복제·전재·발췌할 수 없습니다.
구입 후 철회는 회사 내규에 부합하는 경우에 가능하므로 구입문의처에 문의하시기 바랍니다.
분실·파손 등에 따른 소비자 피해에 대해서는 공정거래위원회에서 고시한 소비자 분쟁 해결 기준에 따라
보상 가능합니다. 잘못된 책은 바꿔 드립니다.
KOMCA 승인필

ISBN 978-89-277-4766-6 73990

http://www.darakwon.co.kr
다락원 홈페이지를 통해 인터넷 주문을 하시면 자세한 정보와 함께 다양한 혜택을 받으실 수 있습니다.

오려 붙이기

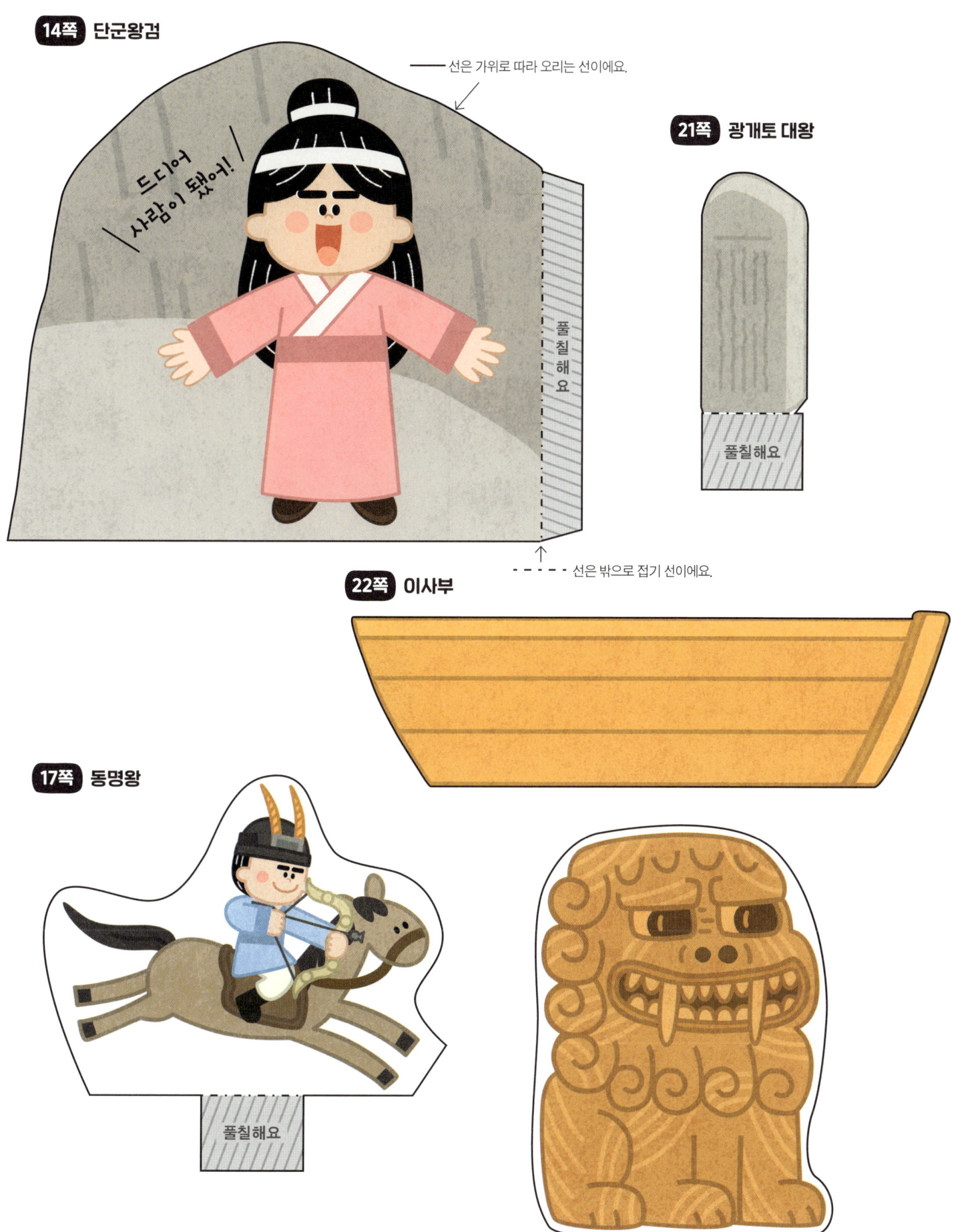

풀칠해요

25쪽 의자왕

26쪽 계백, 관창 (관창은 만들기 책 7쪽에 있어요.)

① 지지대를 오려요.

지지대 →

④ 지지대 뒷면을 풀칠하여 책에 붙여요.

 풀칠해요

 풀칠해요

26쪽 계백, 관창

② 관창을 오려서 반으로 접어 밑부분만 풀칠해요.

③ 오려 둔 지지대를 관창에 끼워요.

← 관창

30쪽 김유신

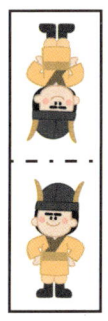
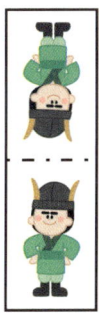

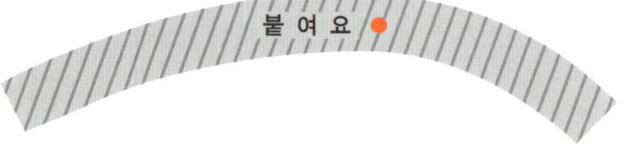

33쪽 문무왕

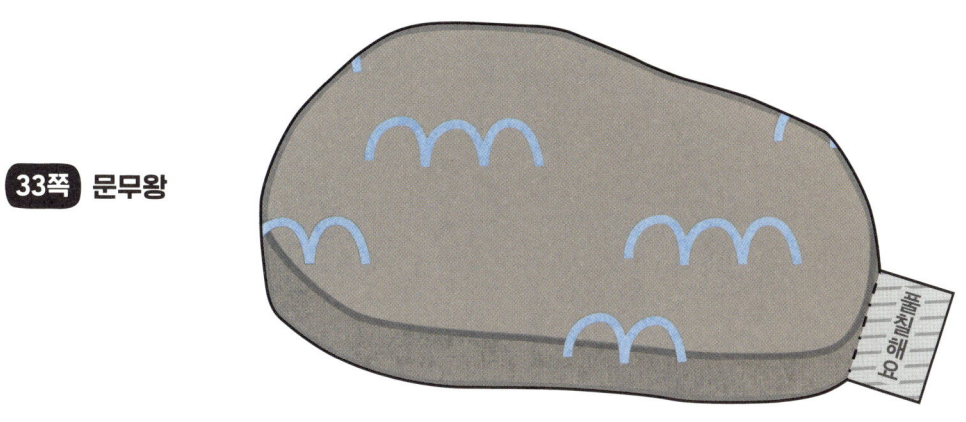

34쪽 원효 대사

35쪽 혜초

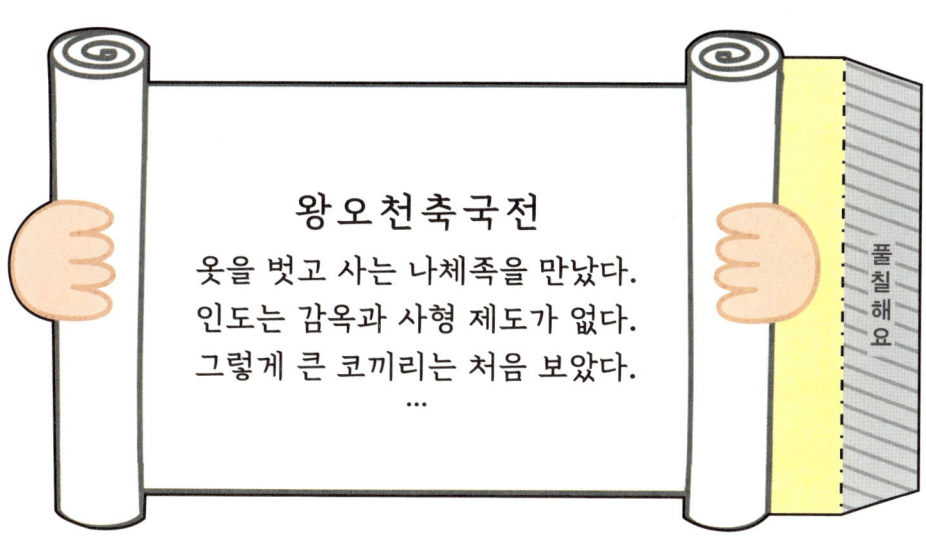

왕오천축국전
옷을 벗고 사는 나체족을 만났다.
인도는 감옥과 사형 제도가 없다.
그렇게 큰 코끼리는 처음 보았다.
…

39쪽 대조영

40쪽 강감찬

※ ①, ②, ③ 순서대로 접어요.

(앞)

44쪽 정중부

47쪽 김부식

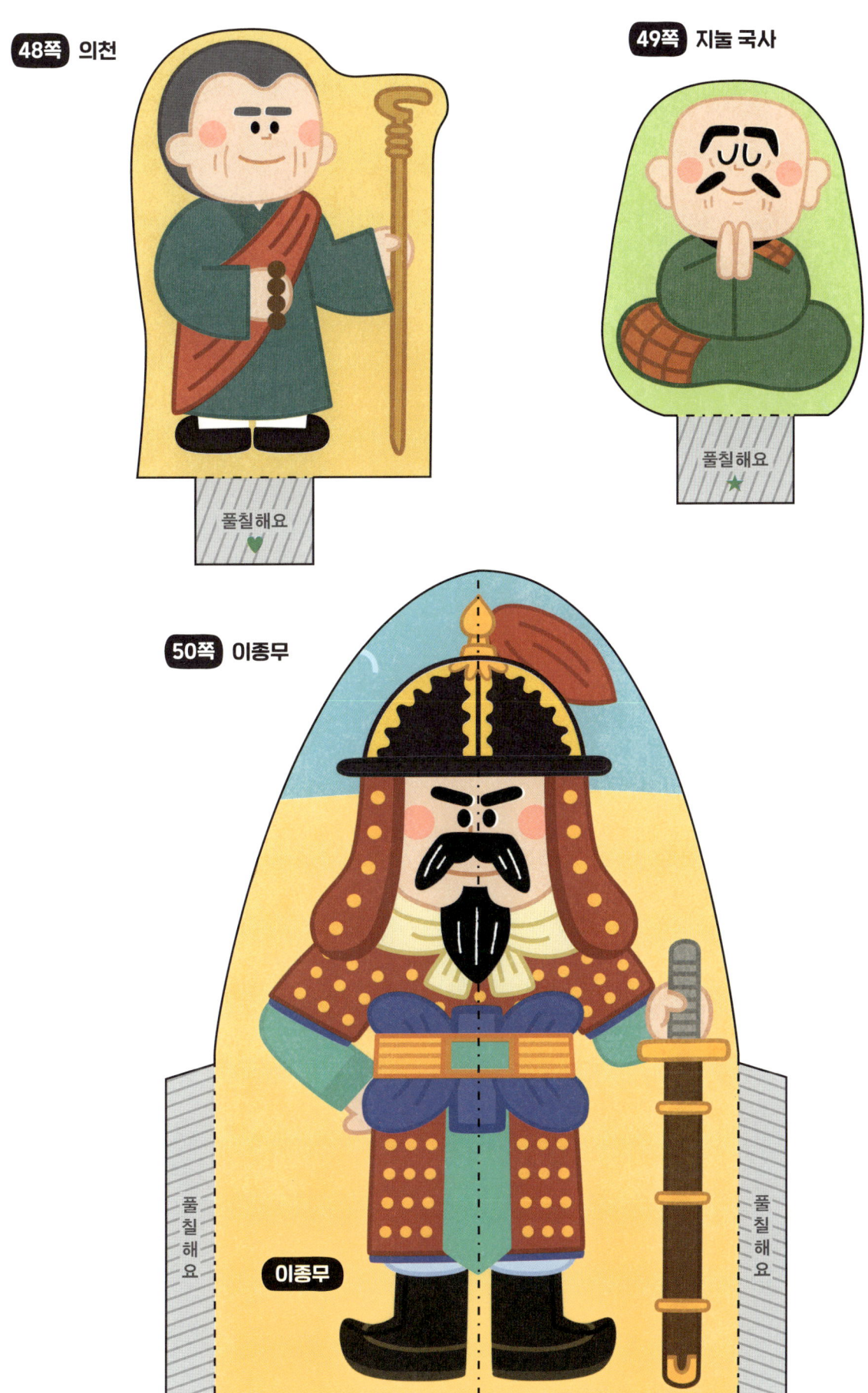

52~53쪽 정몽주

하 여 가
이런들 어떠하리 저런들 어떠하리
만수산 드렁칡이 얽혀진들 어떠하리
우리도 이같이 얽혀 백 년까지 누리리라.

단 심 가
이 몸이 죽고 죽어 일백 번 고쳐 죽어
백골이 진토되어 넋이라도 있고 없고
임 향한 일편단심이야 가실 줄이 있으랴.

54쪽 문익점

오늘 동생하고 빨래한다.
후드득 비가 내리는데 빨랫감이
아까보다 더 흠뻑 젖어버렸다.

오늘은 동생과 같이 놀이터에 가서
바깥 놀이를 해야겠다.
그런데 비가 내리려고 해서 속상하다.

55쪽 문익점

56쪽 최충

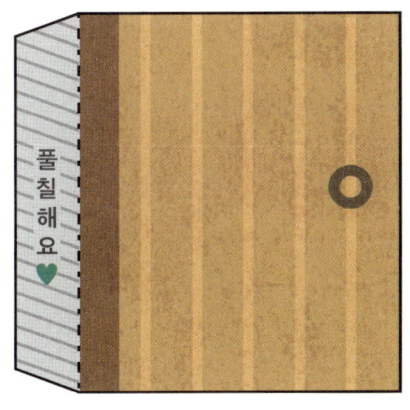

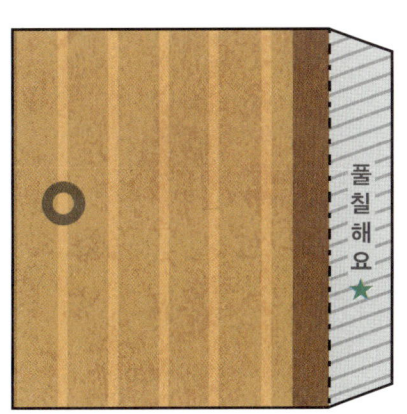

(앞)

(뒤)

↑
------ 선은 안으로 접기 선이에요.

57쪽 일연

63쪽 맹사성

(앞)

(뒤)

65쪽 장영실

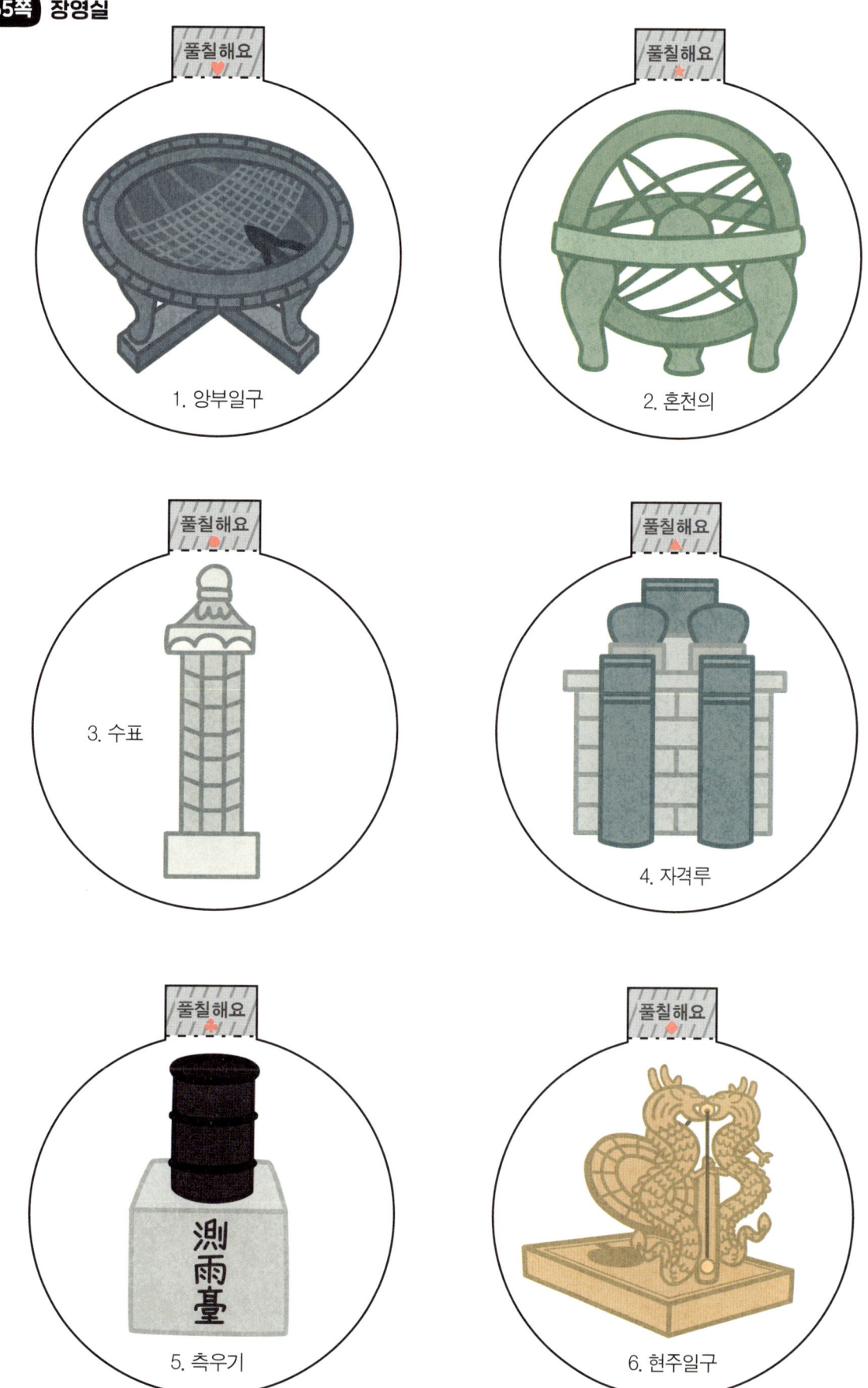

1. 앙부일구
2. 혼천의
3. 수표
4. 자격루
5. 측우기
6. 현주일구

66쪽 신숙주와 한명회

한명회 · 세조 · 신숙주

풀칠해요 ♥   풀칠해요 ★

70쪽 신사임당

풀칠해요

74쪽 김시민

77쪽 이순신

79쪽 이순신

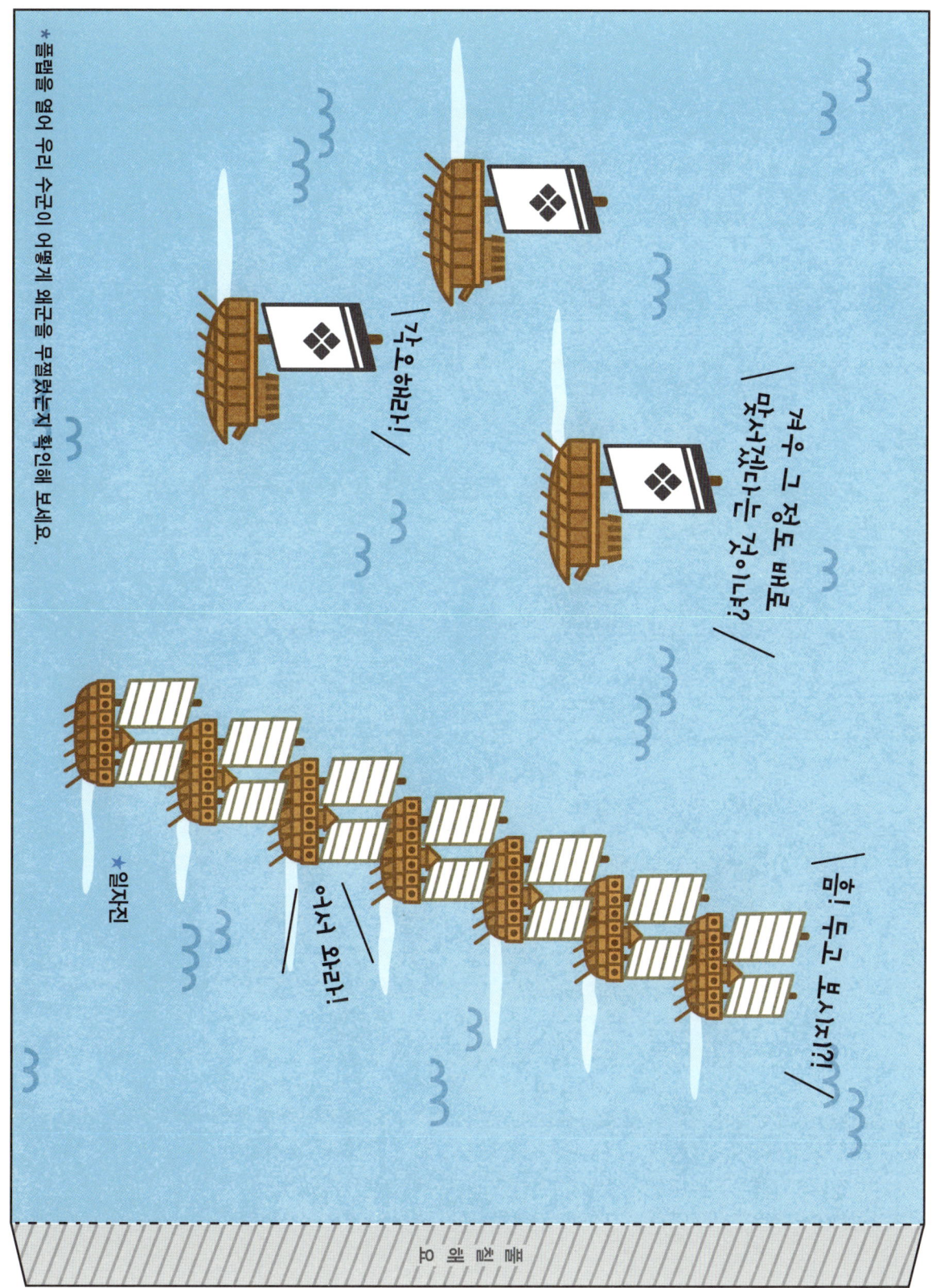

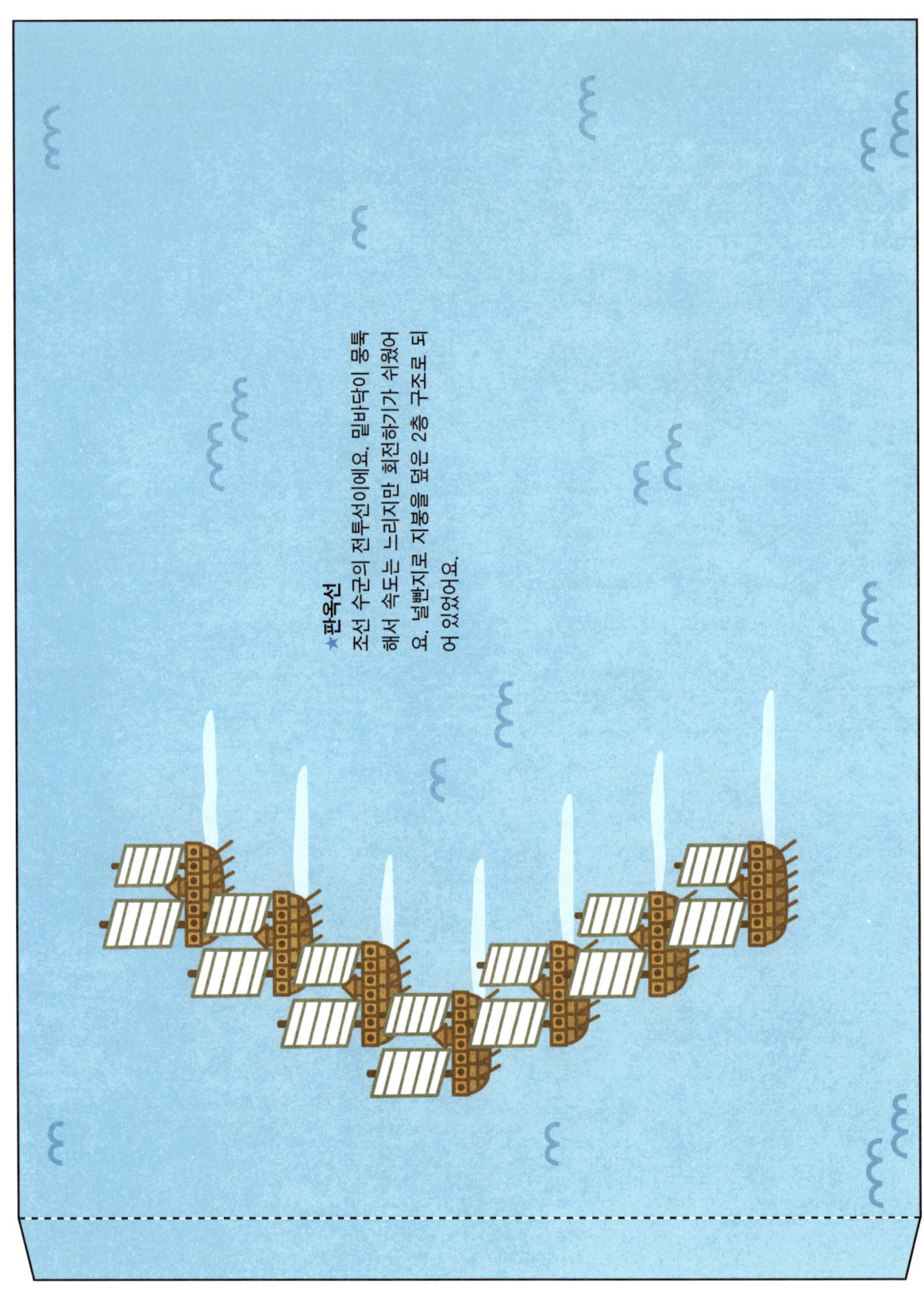

★ 판옥선
조선 수군의 전투선이에요. 밑바닥이 뭉툭해서 속도는 느리지만 회전하기가 쉬웠어요. 널빤지로 지붕을 덮은 2층 구조로 되어 있었어요.

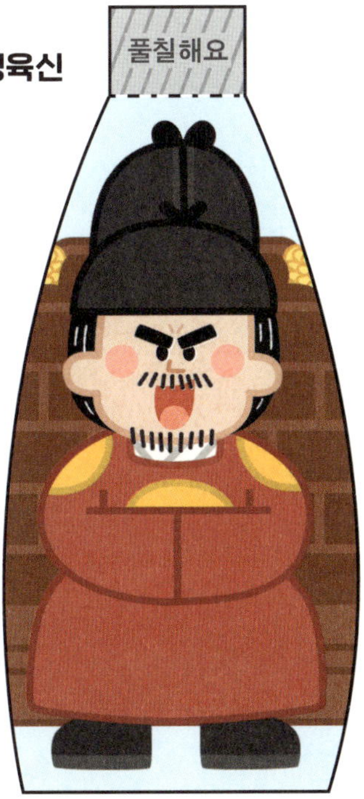

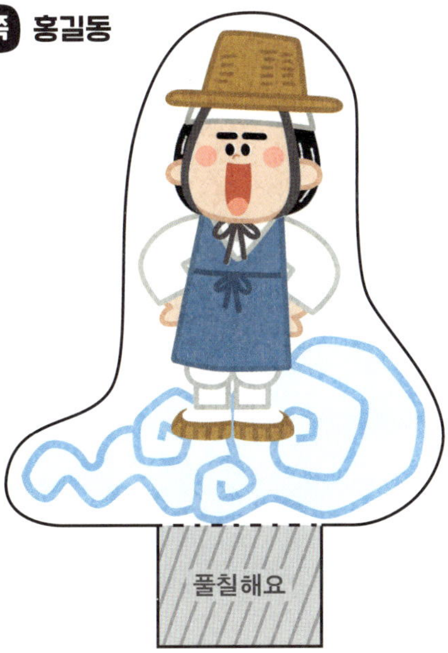

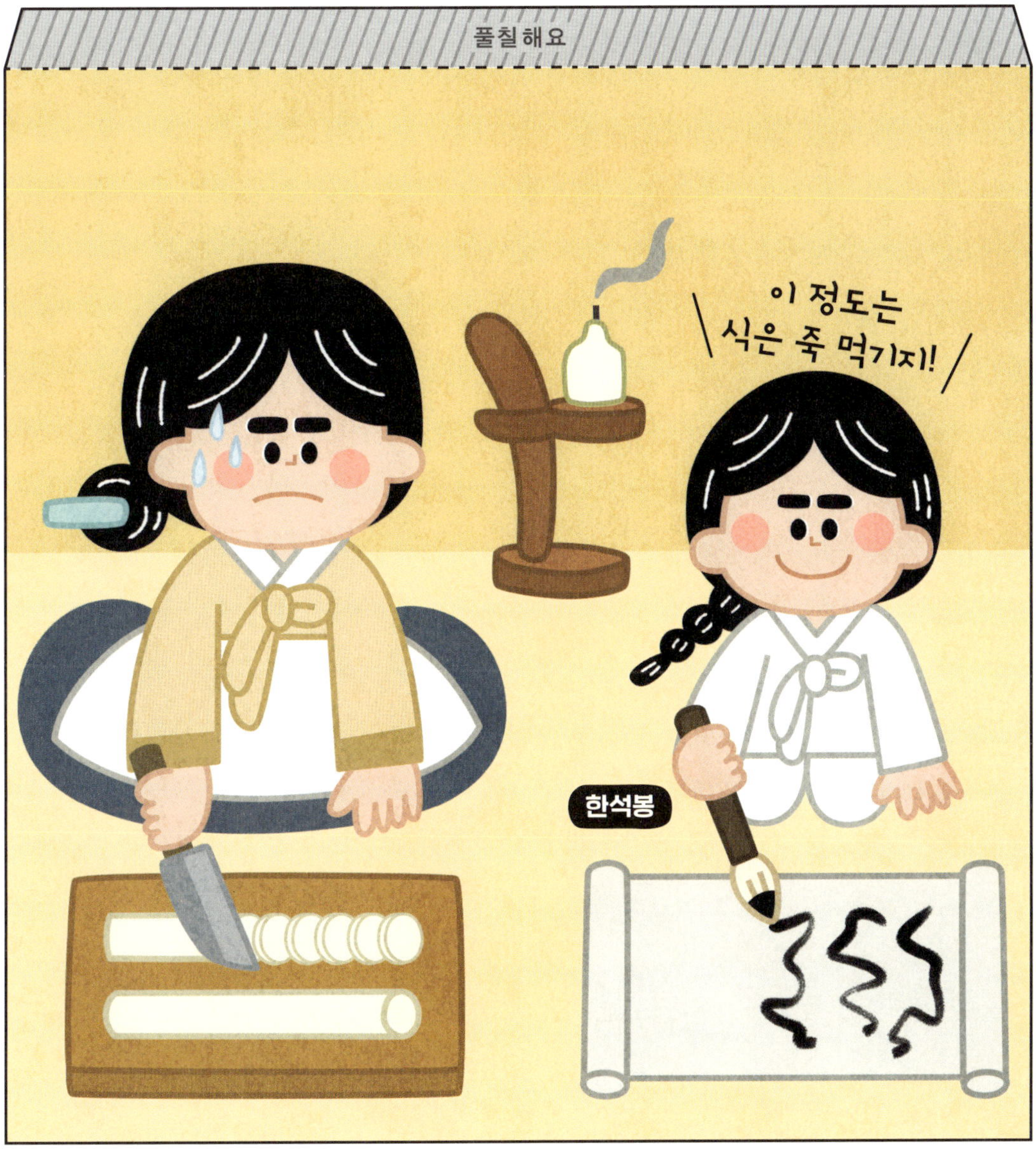

95쪽 김정호

96쪽 영조 대왕

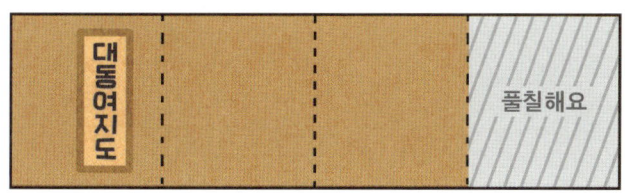

99쪽 정조

100쪽 정약용

1. 수원 화성

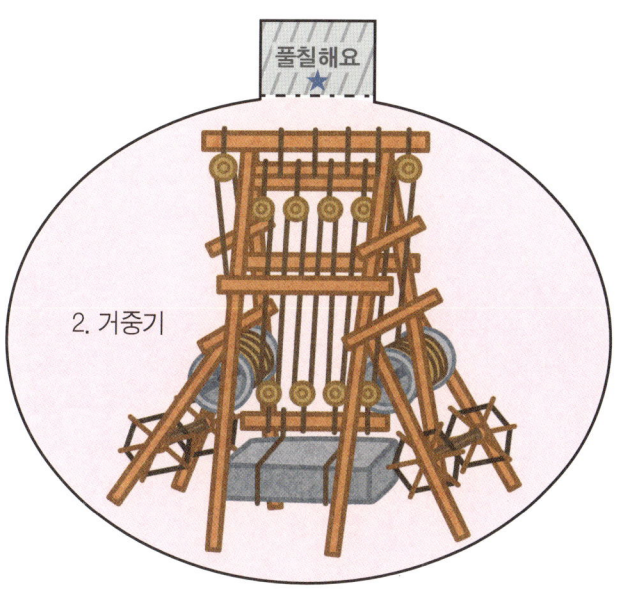
2. 거중기

3. 배다리

101쪽 정약용

목민심서

경세유표

흠흠신서

108쪽 김옥균

109쪽 김옥균

110쪽 안중근

풀칠해요

111쪽 이완용

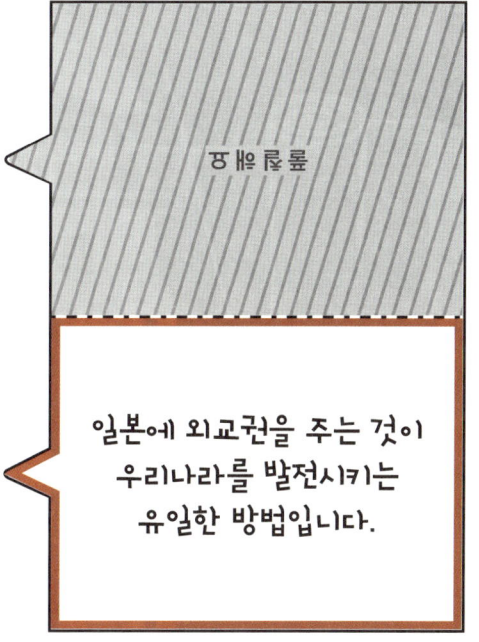

일본에 외교권을 주는 것이 우리나라를 발전시키는 유일한 방법입니다.

115쪽 지석영

풀칠해요

117쪽 유관순

대한독립 만세!

유관순

풀칠해요

가만히 귀를 기울이면 들을 수 있지요.

117쪽 유관순

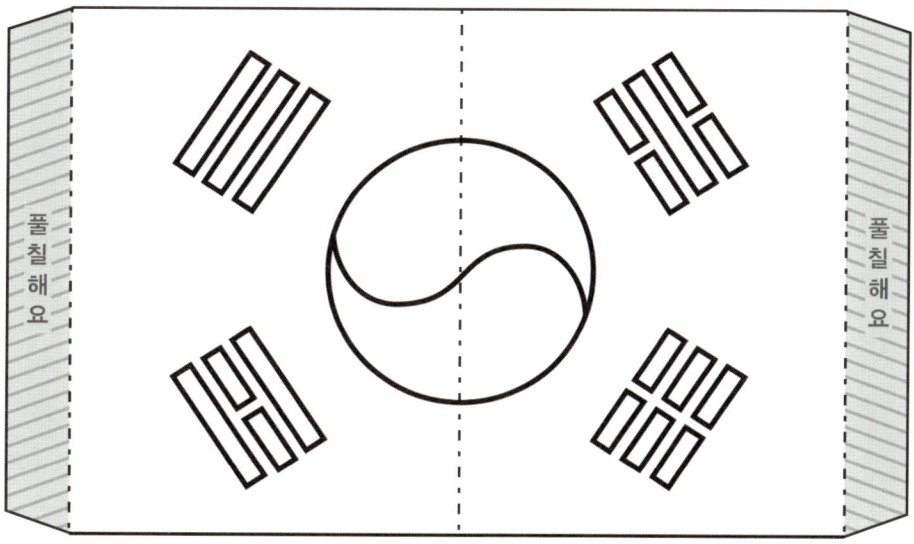

123쪽 김두한

(앞)

124쪽 이상

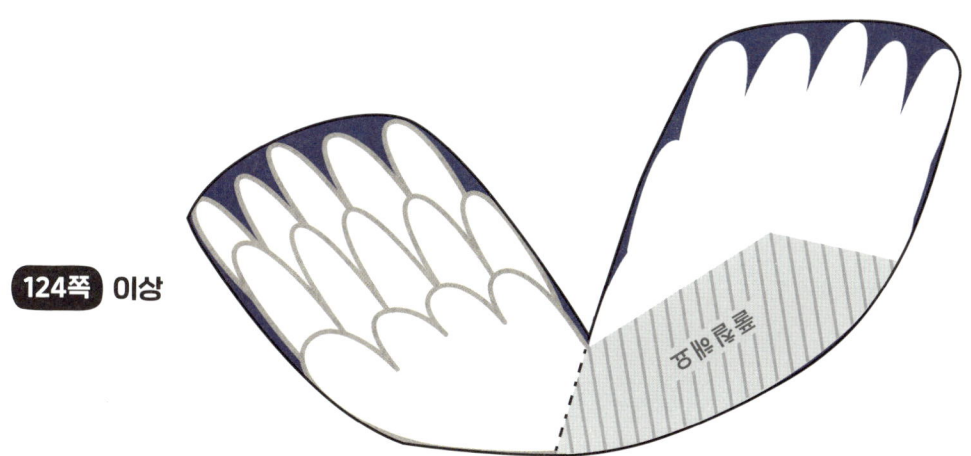

(뒤)

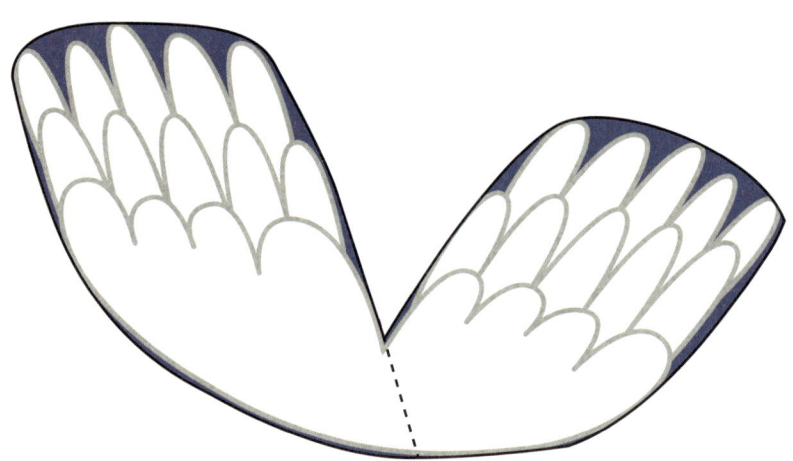

37쪽 장보고

41쪽 강감찬

43쪽 서희

45쪽 최무선

46쪽 죽림칠현

61쪽 최영 장군

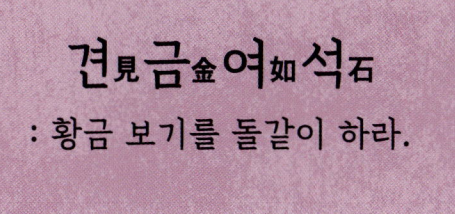

견見금金여如석石
: 황금 보기를 돌같이 하라.

70~71쪽 신사임당

69쪽 이퇴계

92쪽 한석봉

96쪽 영조 대왕

94쪽 김삿갓

105쪽 황진이

동짓달 기나긴 밤을
한허리를 베어 내어
춘풍 이불 아래
서리서리 넣었다가
님 오신 날 밤이어든
굽이굽이 펴리라.

106쪽 홍경래

118~119쪽 안창호

107쪽 홍경래

114쪽 윤동주

125쪽 이중섭